HISTORIAS DE TERROR DE DEMONIOS

Impactantes Historias Reales de Encuentros con
Demonios y Otros Entes Malignos

BLAKE AGUILAR

Índice

Introducción   vii

1. Un exorcismo vudú en Haití   1
2. El caso de Anneliese Michel   9
3. La trágica vida de Maricica Cornici   19
4. Las posesiones Loudun   25
5. Espíritus de la ola   41
6. Josué Velázquez en "La mano peluda"   51
7. La bestia desbocada   61
8. El demonio del espejo   85
9. Miguel Blanco y su encuentro con un demonio   93
10. Una invitación para el demonio   105
11. Demonios militares   115
12. El demonio en el circo   121
13. El primer encuentro   127
14. Los niños de ojos negros   133
    Conclusión   147
    Referencias   151

Introducción

La palabra demonio viene del griego *daemon*, que significa ser divino. En la mitología griega, los daemon son seres que pueden ser como espíritus o inteligencias que están entre los dioses y los humanos, igualmente pueden ser buenos o malos por naturaleza. Entre ellos está, curiosamente, Eros, según los diálogos de Platón.

La religión católica, al absorber todas estas culturas, designó que los daemons serían seres infernales, serían demonios. Puesto que no se ajustaban a las creencias en Dios y los seres celestiales dijeron que serían cuestión ajena, por lo tanto, al infierno.

Los demonios pueden llegar a poseer a un ser vivo, lo que se conoce como posesión, ya sea para adivinación o para causar enfermedades y aflicciones, aunque también existen los que funcionan como vampiros, es decir, que absorben la energía vital.

De acuerdo con las religiones cristiana, católica, judía e incluso en el islam, los demonios solamente sirven para hacer el mal a los seres humanos, son la contraparte de lo bueno y lo divino. Esto se debe a que todos ellos son parte de los seguidores de Satanás o el diablo. Satanás significa adversario y diablo significa calumniador. Este ser se refiere al ángel caído Lucifer, el cual era el más bello y amado de todos, pero se rebeló contra Dios por envidia a los humanos y lo mandaron a los infiernos.

Los demonios son perjudiciales para la humanidad tanto en el infierno como en la tierra. Su labor en el infierno era atormentar las almas de los pecadores. En la tierra pueden causar desde leves molestias y engaños, hasta causar desgracias mayores, plagas y enfermedades.

Por desgracia, en la actualidad, se suele utilizar la excusa de la presencia demoniaca o posesiones para justificar crímenes puramente humanos, por lo que, en caso de proceder, a las personas no se les hace responsables por sus acciones. La realidad de una presencia demoniaca es muy distinta de lo que aparentan estos criminales, ya que la persona poseída sufre, habla con voces distintas y en otros idiomas, no actúa de forma racional ni maquiavélica.

Los verdaderos poseídos o los que ven demonios más bien son catalogados como locos que pierden el juicio o que sufren de alucinaciones.

La presencia de demonios suele involucrar sucesos sobrenaturales, que la persona sufra dolor o enfermedades, accidentes repentinos y hasta la muerte. Las posesiones son mucho más complejas, ya que la persona poseída sufre de convulsiones, cambia de voz o idioma, se puede lastimar a sí misma o a los demás, habla con groserías y perjurios, y puede actuar de forma licenciosa. En cualquier caso, los demonios suelen temer a las figuras religiosas, crucifijos, objetos sagrados, rezos, cánticos en nombre de Dios y oraciones.

Las personas que cometen el gran error de acudir a los demonios, suelen querer algo a cambio de vender su alma u ofrecer sacrificios. Por lo general, suelen pedir riquezas, fama, poder, conocimientos, la desgracia de otra persona o gustarle a una persona.

Así como todas las culturas tienen sus propios demonios, también ha existido la creencia en la posesión. A veces por voluntad de la persona cuando se invita al demonio en un ritual, pero, generalmente, es en contra de su voluntad. Suele haber una forma especial en la que la persona se ve poseída de esa forma.

Puede ser el resultado de una maldición que les lanzó un hechicero o por algún evento desafortunado como pisar un cadáver.

Los registros más antiguos de posesiones por espíritus malvados suelen ser descripciones de enfermedades misteriosas causadas por los espíritus, simplemente porque no conocían la razón verdadera. Un ejemplo de esto es la epilepsia, la cual los griegos decían que era la enfermedad de los dioses porque parecía que algo sacudía a la persona.

Pero también existen registros bien documentados de posesiones reales. En muchas sociedades, los chamanes y los ritos religiosos son una parte muy importante de la vida espiritual. Los chamanes eran considerados seres superiores o que merecían mayor respeto porque eran los emisarios de los dioses. Para esto, tenían que entrar en un trance o un estado de éxtasis. A pesar de que los síntomas son similares, el éxtasis chamánico es diferente de la posesión demoniaca. Las personas pueden entrar en este estado de forma voluntaria, pueden hablar en diferentes idiomas, moverse con más fuerza y energía, mover sus cuerpos de formas increíbles y entrar en diferentes estados de consciencia.

Esos rituales son diferentes a las posesiones demoniacas porque son voluntarios y, al terminar, el espíritu se retira. La persona siempre tiene el control y utiliza a los espíritus a su favor. Lo mismo sucede con los médiums que se ponen en contacto con los espíritus o con los muertos. Por el contrario, las posesiones no son voluntarias. El espíritu entra sin ser invitado y no quiere salir. Para sacarlo es muy difícil y se requiere un exorcismo.

Las sociedades que suelen usar el éxtasis chamánico u otras formas de consciencia alterada suelen tener rituales que les ayudan a las personas a llegar a ese estado. Estos pueden ser cánticos, música rítmica, rituales de limpieza espiritual (baños, ayuno, castidad), utilizar ropa especial, comer alimentos específicos y a veces utilizar drogas que producen alucinaciones. Estas preparaciones se pueden considerar como abrir el portal que permite que la mente de la persona sea poseída.

La persona afectada se puede considerar que está ausente y que el otro espíritu tiene su cuerpo. Si es voluntario, la persona se puede considerar como un conductor o un intermediario. En una posesión, el hecho es más violento.

El rango de actividades en las que se puede involucrar la persona puede ir de lo benévolo y revelador, hasta lo hostil y destructivo.

Existen dos estados reconocidos: la persona puede estar lúcida, plenamente consciente de lo que sucede y es capaz de recordarlo después, o puede estar inconsciente.

Cuando acaba el ritual, la persona que se comunica o que canaliza a los espíritus tiene una forma para despedirlos y volver a tener el control de su cuerpo. Este no es el caso para un individuo poseído, quien a veces no se puede deshacer de los demonios.

En la tradición occidental, se considera que los demonios y los espíritus suelen habitar en el cuerpo de la persona.

En el vudú haitiano, se considera que el espíritu cabalga sobre el sacerdote. En los rituales semanales de los sábados, los practicantes de vudú piden a los espíritus que se aparezcan. A veces, estos seres pueden ser violentos y hacer que la persona destroce el lugar o que sufra convulsiones. La conducta del individuo durante la posesión refleja el carácter del espíritu. Al final del ritual, el control regresa a la persona.

Cuando el espíritu llega sin que lo inviten y toma posesión involuntaria, es una situación peligrosa. Esta posesión requiere de un exorcismo y de alguien experimentado en el tema.

Aunque el alojamiento voluntario o benigno de un espíritu puede ser deshecho al final de un ritual o con una sola palabra, la posesión está más allá de ese control tan directo. La única manera en la que podemos curar a una persona poseída por un demonio es por medio del exorcismo. Suele ser un ritual largo y posiblemente violento, especialmente si el demonio se niega.

Los exorcismos siguen un patrón similar incluso entre culturas diferentes. Suele ser un ritual especial que involucra un objeto mágico o sagrado, exigir al demonio o al espíritu que se identifique a sí mismo y ordenarle que se vaya. Forzar al demonio que dé su nombre es un elemento clave que vemos en rituales exorcistas de culturas diferentes.

El proceso impone pruebas muy rigurosas al exorcista, como el ayuno y largos periodos de oración. Los demonios están en su etapa más violenta y ofensiva durante el exorcismo. No les gusta la intervención del exorcista y luchan por mantener el control del individuo poseído. La lucha se vuelve aún más violenta y puede poner en peligro la vida de la víctima, a veces incluso la del exorcista.

Los exorcismos cristianos suelen seguir un patrón establecido por el Ritual Romano, un libro que compiló muchos de los rituales sagrados en 1614. El exorcismo no tiene que seguir las palabras al pie de la letra, por lo que puede variar según las circunstancias.

Los sacerdotes que realizan el exorcismo tienen prohibido involucrarse en una discusión o debate con los demonios y no deben confiar en nada de lo que digan. Ya que los demonios son buenos engañando, es posible que puedan llevar a la persona más virtuosa a cometer una herejía.

Brujas, fantasmas, poltergeists y demonios

La taxonomía de los espíritus malignos es compleja. A un nivel más simple, hay diferencias considerables entre las brujas, los fantasmas, los poltergeists y los demonios.

Brujas

La brujería no es lo mismo que ser poseído por un demonio, pero la posesión demoniaca suele asociarse con casos históricos de supuesta brujería. Las brujas, de acuerdo con el Papa Eugenio IV en 1437, son aquellos seres que han realizado un contrato con el demonio, a cambio de lo cual se les otorga poder para realizar el mal al tener control sobre los demonios. Más allá de estar poseídas, las brujas están en la posición envidiable de tener demonios que hagan lo que les ordenan. Cuando vemos una posesión demoniaca en términos de brujería, no suele ser la bruja la que se dice estar poseída por los demonios, sino las víctimas de la bruja.

Este es el caso de tres ejemplos muy famosos en Francia durante el siglo XVII: las posiciones en Aix, Loudun y Lanviers. En cada situación, unas jóvenes monjas dijeron haber sido poseídas por los demonios siguiendo la malvada influencia de un carismático sacerdote.

Fantasmas

Existe una relación incluso menor entre los demonios y los fantasmas. Debes en cuando, un caso de posesión parece involucrar que la persona sea poseída por el fantasma de una persona muerta, pero esto es muy

poco frecuente. Un ejemplo de esto es la mujer estadounidense Anna Ecklund, quien parecía estar poseída
no sólo por los demonios regulares, sino también por
los espíritus de su tío y su amante muertos. Otro caso
en la posición de los sobrevivientes del tsunami japonés,
poseídos por los espíritus de algunas de las víctimas. En
el vudú, son los espíritus de los muertos (Guédé)
quienes poseen a una persona maldecida. Pero estos
casos son muy raros; es mucho más común que las
personas sean acosadas y molestadas por los fantasmas
que ser poseídas por ellos.

Poltergeists

La actividad de un poltergeist puede parecerse mucho a
una posesión demoniaca y hay una relación muy clara
en este caso.

Un poltergeist (o "fantasma ruidoso", según su
traducción del alemán) suele hacer que los objetos se
muevan o vuelen, ruidos inexplicables como rasguños,
golpes y cosas que se rompen, la desaparición y reapa-
rición de objetos, y daños inexplicables. La actividad
poltergeist se asocia generalmente con adolescentes y
niños infelices o perturbados.

En 1599, el jesuita Martin Delrio escribió *Disquisitionum
magicarum libri sex* (Seis libros de investigaciones mági-

cas), en el cual describió 18 tipos de demonios o de apariciones demoniacas. El tipo número 16 incluía espectros que en ciertos lugares, casas y momentos son propensos a ocasionar varios tipos de conmociones y molestias y que pueden mantener a la persona despierta al hacer ruido con ollas, mover piedras y jalar el colchón de la persona para que no pueda dormir en su cama.

Esto suena muy similar a un poltergeist. Sacar a alguien de su cama trae muchos recuerdos de muchas situaciones en las que se mueven las camas vigorosamente en los casos de posesión, es un hecho bastante recurrente. La tradición de la actividad similar a la del poltergeist es muy antigua. Los antiguos asirios tienen la tradición del *ekimmu,* los cuales son los espíritus de aquellos que murieron violentamente o repentinamente y no tuvieron un entierro apropiado.

Estos seres visitaban los hogares en la noche, causando caos y destrucción, incluso podían matar a un miembro de la familia y poseer a las personas.

Demonios

En la mitología cristiana, los demonios son ángeles caídos que se rebelaron en contra de Dios y fueron exiliados del cielo junto con su líder, Lucifer. Lucifer o Satanás es el jefe de los demonios y también se conoce simplemente como el demonio. Beelzebub o Belcebú es el demonio que está a su mano derecha. Luego están hordas de demonios menores, de las cuales sólo se nombran unas cuantas. El objetivo del diablo y de los demonios a su mando es atrapar a almas, traicionar a las personas para que se maldigan. La persona poseída está en grave peligro de perder su alma ante el diablo, esto es con lo que deben combatir los exorcistas. Es una tarea muy peligrosa.

El proceso de posesión se divide en varias categorías:

- Infestación: fenómenos extraños y problemáticos que afectan una zona (como una casa) en vez de estar restringidos a una persona específica. Esto es lo que se asocia con los poltergeists.
- La obsesión: una persona es víctima de pensamientos irracionales y opresivos u obsesivos, incluyendo pensamientos de suicidio o violencia contra otros, pero no pierde la conciencia o el control (esto es similar a la definición clínica del TOC, trastorno obsesivo compulsivo).
- Opresión: los demonios atacan físicamente a

una persona, dejando marcas o heridas visibles.

- Posesión: una entidad sobrenatural toma el control de una persona en contra de su voluntad, de modo que puede hablar y actuar a través de ella.

Un exorcismo vudú en Haití

EL VUDÚ de Haití implica elementos fuertes de posesión espiritual. La religión se succiona con elementos de creencias espirituales traídas por antiguos esclavos del oeste de áfrica con principios del cristianismo impuesto en las comunidades esclavizadas por los franceses en el siglo XVIII. Para el vudú de Haití es muy importante el creador supremo, llamado Bondye (que deriva de las palabras francesas *bon dieu*, o buen Dios) y *loa*, los espíritus que funcionan como intermediarios entre Bondye y la humanidad. Existen muchos *loa* en que supervisan diferentes aspectos de la vida. El *loa* Baron Samedi es el líder de los Guédé (o Ghede), los espíritus de los muertos. Se les suele invocar en casos de posesión, ya que son los espíritus de los muertos quienes son las entidades que poseen, impuesto en la víctima por un hechicero.

. . .

El antropólogo francés Alfred Métraux, quien estudió el vudú haitiano en los años cincuenta, describió el exorcismo de un hombre llamado Antoine, quien había trabajado antes en los muelles de Port-au-Prince. Antoine se había enfermado repentinamente y no era capaz de comer. Perdió mucho peso y ya no podía caminar. En la sociedad haitiana, esto se consideraba como una señal de posesión. Los fantasmas no tienen una misión especial, no tienen ningún mensaje para los vivos, no intentan controlar a la persona poseída o su alma para llevarla al infierno, simplemente están poseyendo la persona porque eso es lo que hacen los fantasmas. La persona poseída cae muy enferma y se vuelve muy frágil, deja de comer, escupe sangre y muere dentro de poco. El único remedio es que una persona con mucha experiencia ordene a los espíritus y los expulse utilizando rituales o una hechicería muy fuerte.

Para el caso de la posesión de un espíritu, Alfred Métraux describe el siguiente ritual utilizado con ese fin. El primer paso es voltear una estatua de San Expédit de cabeza, y luego decir una oración frente a él. El suplicante promete tener a Expédit como su patrón si el *lao* "me libera de esta cabeza, me libera de esta memoria, me libera de este pensamiento, me libera de esta casa".

El suplicante luego tiene que golpear tres veces con su machete una roca dedicada al Barón Samedi, pronunciar el nombre del Barón. Luego de eso, el Barón lo posee y, hablando a través de su boca, le dice al suplicante que vaya al cementerio y realice unas ofrendas de plátanos y papas picados frente a la cruz del Barón Samedi. Luego debe tomar un puñado de tierra por cada uno de los muertos que quiere mandar a la víctima y debe colocarlos en un camino que utilice la víctima. No importa si la víctima pasa sobre la tierra o la pisa; el espíritu del muerto va a entrar en ella en ese momento. Los espíritus, una vez arraigados, están completamente mezclados con la persona y son muy difíciles de remover.

Así pues, el primer intento para curar a Antoine fracasó y su familia por fin lo llevó a una *mambo*, o sacerdotisa vudú, llamada Lorgina. Su propia *loa*, Brisé, estuvo de acuerdo en ayudarla. Lorgina detectó, con la ayuda de la brujería, que Antoine estaba poseído por tres espíritus de los muertos. Ya que este era un caso serio, tuvo que llevarlo a su casa reservada para los espíritus de los

muertos, los Guédé. Los Guédé son espíritus particularmente complicados ya que no siempre se retiran
cuando se les ordena, sino que exigen otro cigarrillo,
otra bebida y quieren seguir en la fiesta por un rato.

El sacerdote o sacerdotisa tienen que mantenerlos vigi-
lados al mismo tiempo que se asegura de que sean aten-
didos apropiadamente. Los Guédé, al ya estar muertos,
saben que están más allá del peligro por lo que son difíciles de disciplinar. Suelen comportarse de formas
ostentosamente provocativas, son ruidosos y sexuales, y
hacen cosas que serían muy arriesgadas para una
persona viva, como tragar vidrio roto o comer chiles
crudos.

Lorgina tenía las señales de los Guédé dibujados en el
suelo utilizando granos de café y cenizas, y había colocado el tapete de Antoine sobre el dibujo. Se colocó
una mesa para el *loa* Brisé con su piedra especial, cinco
montones de hojas y tres calabazas vacías. Cada una de
las calabazas contenía una vela encendida, maíz y
cacahuates molidos. Debajo de la mesa había dos
contenedores llenos de una mezcla de bilis de toro,
agua y plantas en remojo.

· · ·

Conforme Antoine era llevado y colocados sobre su tapete, los muertos dentro de él le gritaban constantemente a Lorgina, jurando que no podría sacarlos. Le quitaron la ropa Antoine, menos su ropa interior, y se le preparó como si fuera un cuerpo.

De acuerdo con la tradición haitiana, sus orificios nasales fueron sellados con bolas de algodón, su mandíbula fue amarrada con tela para que no se pudiera abrir, le cruzaron los brazos y amarraron sus dedos pulgares de los pies. Lorgina colocó pequeños montones de cacahuates y maíz sobre su pecho, palmas, frente y estómago. Nuevo trajo una gallina y un gallo y llamó a los espíritus. Un asistente llevó las aves con Antoine y permitió que picaran la comida de su cuerpo, comenzando con la cabeza. El gallo no quiso comer, así que se trajo a otro.

Después de eso, un ave se colocó entre las piernas de Antoine y las otras dos sobre su pecho. Lorgina comenzó a rezar, con encantamientos para el *loa* y para San Expédit. Ella recitó muchas oraciones católicas conocidas y presidió todo nombrando a las tres personas del Dios cristiano.

. . .

Después de rezar, Lorgina continuó su ritual pasando la gallina y los dos gallos sobre el cuerpo de Antoine, comenzando con la cabeza, mientras recitaba encantamientos para expulsar al mal y permitir que lo bueno entrara en su cuerpo. En cierto momento, tanto Lorgina como sus asistentes sisearon como el dios serpiente Damballah. Los asistentes repitieron el gesto con el ave y Antoine comenzó a temblar.

Lorgina le dijo que se quedara quieto e invocó a su propio *loa*, a los ancestros y al *loa* de Antoine para que los salvaran. Después de pasar las aves por última vez, se les dejó a su lado, confusos. Los otros elementos, las calabazas y la piedra, se pasaron sobre Antoine.

La siguiente etapa fue más violenta y molesta para los familiares de Antoine. Lorgina comenzó a arrojar puñados de la mezcla para las aves sobre él. Él comenzó a temblar y a tener escalofríos, tratando de levantarse. Ella continuó con el baño y algunos de los espectadores ayudaron arrojando la mezcla sobre él, mientras él temblaba tan violentamente que rompió sus amarrados de cuerpo difunto. Lorgina dijo que el baño de las hierbas putrefactas y la bilis era para repeler a los muertos. Por fin se quedó exhausto y dejó de temblar. Lorgina llamó su nombre, diciendo a "Antoine, Antoine, ¿estás ahí?".

· · ·

Cuando él contestó con una leve "sí", sus asistentes quemaron el ron que estaba alrededor de la piedra de Brisé, agarrando las llamas con sus manos y esparciéndolas sobre el cuerpo de Antoine. Lorgina puso un poco de ron en su boca y lo escupió sobre su rostro. Él fue sostenido mientras intentaba proteger sus ojos.

Por fin, un asistente le dio a Antoine un masaje con pequeños golpes sobre sus hombros, en el interior de los codos y en el doblez de las rodillas.

La parte final del ritual se llevó a cabo en el exterior. Como preparación, se había excavado una trinchera y se había rodeado con tres calabazas y siete linternas de cáscara de naranja. Se colocó a Antoine en la trinchera y se le dio una palma de banano para que la sostuviera entre sus brazos. Lorgina pasó la gallina sobre Antoine, lo roció con un poco del contenido de las calabazas y entonó el ritual del exorcismo, llamando a varios santos, *loas,* a Dios y los espíritus de los muertos. Por último, ella dejó caer agua sobre Antoine, luego rompió la jarra que la contenía y le ayudó a salir de la trinchera. La gallina no tuvo tanta suerte. Se le colocó dentro de la trinchera y se le enterró vida, entre las raíces de la palma de banano que había sido sembrada. Tres lámparas encendidas marcaban el lugar.

A Antoine se le frotó con ron caliente para completar en la expulsión de los muertos y se le dejaron tres pequeñas cargas entre las piernas. Se le roció más ron encima y se echó también hacia el norte, sur, en este y oeste mientras un asistente sacudía un látigo especial.

Lorgina entonces agarró una camiseta blanca con orillas rojas y quemó una orilla. Con la parte quemada, ella dibujó marcas sobre el pecho y el rostro de Antoine, y luego le ayudó a vestirse con esa camiseta. Después de que le hubieran lavado los pies con agua y hierbas, por fin se le dio una taza de té para los nervios, la cual probablemente era bastante necesaria para ese punto, y se le consideró libre de demonios. La palma de banano eventualmente murió, demostrando que el Barón Samedi había aceptado el entierro de la gallina debajo de ella como una ofrenda a cambio de haber salvado a Antoine. Para ese momento, Antoine estaba completamente curado. Pronto estaba fuerte y listo para regresar a trabajar en los muelles.

2

El caso de Anneliese Michel

EL CASO DE ANNELIESE MICHEL, una joven estudiante universitaria en Alemania, muestra que lo que puede suceder cuando la creencia en una posesión y exorcismo entra en conflicto con los sistemas modernos médicos y legales.

Anneliese tenía un contexto familiar inusual. Su madre había nacido como una hija ilegítima en 1948, un acto tan vergonzoso en la Bavaria rural que había sido obligada a utilizar un velo negro en su día de moda. Anneliese nació cuando su hermana mayor, Martha, tenía cuatro. Anneliese estaba obligada a vivir devotamente, y cuando Martha murió a los ocho años, la presión en ella aumentó. Parece que toda la familia tenía que pagar por el "pecado" de la madre.

La devoción de Anneliese era muy profunda. De adolescente, ella dormía en el piso duro de piedra para pagar por los pecados de los drogadictos que dormían en la estación del ferrocarril.

Los problemas de Anneliese comenzaron en 1968, cuando tenía 16 años de edad. Se desmayó en la escuela y esa misma noche sufrió convulsiones y se mordió la lengua. Su ataque duró cerca de un cuarto de hora y ella dijo haber sentido un gran peso sosteniéndola contra el piso. Un año después sufrió otro ataque y su madre la llevó al ver a un médico, quien realizó varias pruebas y no descubrió evidencias de problemas físicos, pero decidió tratarla contra la epilepsia. Ese mismo otoño, Anneliese sufría una serie de enfermedades físicas y terminó en un sanatorio en Bavaria para recuperarse. Sufrió otro ataque en 1970 y se le recetó medicaciones contra las convulsiones. Poco después, ella experimentó la visión de rostros malvados, sonrientes y demoniacos. Al mismo tiempo, ella no le dijo a nadie sobre esas visiones o las que siguieron.

Al salir del sanatorio, Anneliese regreso a la universidad, pero tuvo más convulsiones y periodos de ausencia cuando ella parecía desaparecer por completo, dejando solamente una cáscara vacía e inanimada.

Sufrió una gran convulsión final en junio de 1972. Pero otras experiencias tomaron el lugar de las convulsiones.

El cuerpo de Anneliese se ponía rígido periódicamente y esto comenzó a suceder con más frecuencia. Las horribles caras la molestaban muy seguido, sentía una terrible sensación de miedo y luego la asaltaba una terrible peste que nadie más podía oler. Ella recurrió a la oración, volviéndose incluso más fervorosa religiosamente, pero su madre se dio cuenta de que, si rezaba junto a una estatua de la Virgen María en su casa, sus ojos se volvían negros y sus manos se apretaban como garras. Ella visitó un santuario a la Virgen en Italia con su padre, pero fue incapaz de entrar y no podía ver la imagen de Jesús.

La visita al santuario también desencadenó la primera interacción de los demonios con otros. En el camino a casa, Anneliese producía un horrible olor, esta vez los otros podían olerlo, y actuaba de forma violenta con el guía turístico que expresaba sus opiniones religiosas. Ella también habló con una voz alterada que sonaba masculina. Luego dijo que ella no tenía el control de sus acciones y sentía que era manipulada por algo o alguien más.

Anneliese debía comenzar la escuela en Würzburg en el otoño de 1973. Su madre la llevó otra vez al médico, y esta vez sí explicó que veía rostros que la atormentaban, llamándolos demonios, y predijo el fin del mundo en un incendio masivo que sucedería pronto. El médico aumentó su medicación y aparentemente sugirió que vieran a un jesuita, aunque luego negó haber dicho eso.

Su escepticismo tuvo un gran impacto en Anneliese, quien comenzó a separar sus problemas en dos grupos. Continuó buscando ayuda médica para la depresión, dolores de cabeza severos y el terrible aroma que la invadía, pero comenzó a ver a sacerdotes para que le ayudaran con los problemas que consideraban que eran espirituales. Algunos se rehusaron a verla, pero el joven sacerdote de Aschaffenburg, el Padre Ernst Alt, se interesó en su caso y comenzó a rezar por ella. Él creía que era un caso de posesión demoniaca, pero fue capaz de obtener el permiso que requiere un sacerdote católico para llevar a cabo un exorcismo. Su atención le ayudó a Anneliese hasta cierto punto, y ella se mudó a Würzburg para comenzar su curso universitario.

Una vez que las clases comenzaron, Anneliese empeoró.

Las oraciones con el Padre Alt y las visitas al santuario con su nuevo novio, Peter, ayudaron, pero sentía que cada vez perdía más el control. Hubo algunos contratiempos con su vida familiar: su abuela murió y dos de sus tres hermanas se mudaron fuera de la casa familiar. Su ansiedad se volvió más extrema y sentía que estaba eternamente condenada. Tenía ataques cada vez más frecuentes en los que se ponía rígida, su cara se transformaba en un gesto que hacía muecas, también gritaba o lloraba sin control y destruía objetos religiosos. Se quedó postrada en la cama, incapaz de comer, moverse o dormir.

Anneliese volvió pronto a casa, incapaz de seguir con sus estudios. Su condición empeoró aún más. A lo mucho, dormía una hora en la noche y recorría furiosa toda la casa; su cuerpo se sacudía convulsivamente y al final se quedaba rígido por días. A veces, ella pasaba de

estaba arrodillada a parada y al revés tan vigorosamente y tan continuamente, hasta 600 veces al día, que
sus rodillas se ulceraron y eventualmente se rompió los
ligamentos en ambas rodillas. Se desgarraba la ropa,
atacaba violentamente a su familia, comía arañas,
moscas y carbón, se metía ropas sucias con orina a la
boca o lamía la orina del piso. Su conducta era tan
salvaje y poco natural que su familia estaba desesperada. Ella parecía recibir la visita de los espíritus de su
abuela y de su hermana.

También le aparecían heridas en manos y pies que
sus padres interpretaron como estigmas.

Los estigmas son apariciones espontáneas de las heridas
que se parecen a las que sufrió Cristo en la crucifixión.
Se dice que han ocurrido desde la Edad Media. Por lo
general, suelen ser heridas punzantes en las palmas de
las manos, como si las hubieran atravesado unos clavos.

Algunas personas también sufren heridas en los pies.

Incapaz de ponerse en contacto con el Padre Alt, la
familia llamó al Padre Rodewyk un sacerdote al que
Anneliese había visto antes. Cuando visitó a la familia,

al inicio ella estaba en un estado catatónico, pero se levantó lo suficiente para mantener una conversación breve con el sacerdote. Ella le preguntó su nombre y respondió en una voz baja y poco natural, "Judas". Ella pareció estar coherente y tranquila por un periodo de tiempo después de eso. Le dijo que intentaría organizar un exorcismo para ella cuando comenzaron los calambres una vez más.

El Padre Rodewyk obtuvo el permiso de un obispo local para el exorcismo y se asignó al Padre Arnold Renz al caso de Anneliese. Ya que los exorcismos católicos no son un rito, sino un ritual, no tienen que seguir una forma precisa de palabras o un orden, ya que puede ser adaptado a las circunstancias del individuo. Todos los exorcismos de Anneliese, menos el primero, fueron grabados en cinta, dejando un registro invaluable para los psicólogos, historiadores y teólogos. El Padre Renz documentó el primer caso en su diario.

El patrón general del exorcismo católico es una invocación a Dios, a los ángeles y a los santos; mucha oración con la comunidad presente (usualmente el exorcista y amigos y familiares de la persona afligida); rociar agua bendita o la presentación de objetos benditos; e interrogar a los demonios poseedores. Anneliese respondió de forma violenta al agua bendita, diciendo groserías al sacerdote y exigiendo que "detuviera esa mierda". Tuvo que ser agarrada por tres hombres, y no soportaba estar acostada ya que decía que el demonio se sentaba en ella cuando lo hacía. Ella respondió de forma vigorosa y violenta durante las cinco horas y media del ritual, pero ella luego dijo recordar todo eso y deseaba que hubieran continuado porque sentía que los demonios estaban perdiendo su poder sobre ella.

Las sesiones de exorcismo continuaron las siguientes semanas. Anneliese estaba lo suficientemente bien como para regresar a sus estudios, volviendo a casa cada pocos días para los exorcismos. Durante ellos, se identificaron a sí mismos seis demonios, pero se negaron a dejarla: Lucifer, Judas Iscariote, Nerón, Caín y Adolf Hitler, el último hablando con inflexiones austriacas muy propias.

Llegaron a detallar una opinión bastante interesante sobre las reformas introducidas a la Iglesia por el Segundo Consejo Vaticano (1962-1965), razón por la cual el Padre Renz comenzó a grabar las sesiones. También hablaron de los horrores del infierno. Todo esto se consideró como ejemplo de gnosis, la posesión de conocimientos ocultos.

Para mediados de octubre de 1975, Anneliese estaba mejorando. Ahora tenía visitas positivas y revelaciones de la Virgen María y de Cristo, así como también los demonios estaban perdiendo su poder. El último día de octubre, un día que solía estar mencionado en sus revelaciones y mensajes, los demonios comenzaron a dejarla, uno detrás de otro. Conforme cada uno la dejaba, ella vomitaba violentamente. Pero tan pronto como fueron expulsados y todos estaban dando gracias, un nuevo demonio anunció su presencia.

El demonio se volvió cada vez más silencioso, respondiendo cada vez menos en las sesiones de exorcismo. Anneliese se vio afectada cada vez más y más, lastimándose a sí misma, enfureciéndose, convulsionando y gritando constantemente, además de no comer nada. Ella tuvo 67 exorcismos en un periodo de 9 meses. Pero, el 1 de julio de 1976, un día que ella había mencionado varias veces en sus predicciones en el que todo estaría bien, ella murió.

Los padres de Anneliese y dos sacerdotes fueron enjuiciados por asesinato. La corte declaró que ella había muerto como resultado de tener un exorcismo en lugar de atención médica apropiada. La inanición se mencionó en el reporte de la autopsia, ella pesaba poco menos de 31 kg el día de su muerte, por haber creído que podía sacar a los demonios de su sistema con el hambre. A sus padres y a los sacerdotes se les dio dos sentencias suspendidas y libertad condicional por asesinato por negligencia al permitir que se matara de hambre. En 1999, el Vaticano revisó el ritual del exorcismo, el Rituale Romanum, por primera vez desde 1614, y ahora insiste que todos los sacerdotes que tienen permitido llevar a cabo un exorcismo tengan entrenamiento médico.

El cuerpo de Anneliese ha sido exhumado dos veces, una vez después de tres años y otra vez después de once años, para confirmar que realmente se está descomponiendo.

La película de *El exorcismo de Emily Rose*, estrenada en el 2005, se basa en el caso de Anneliese Michel. Su madre sigue convencida de que ella murió para salvar las almas perdidas de otros, para pagar por sus pecados.

3

La trágica vida de Maricica
Cornici

En la Rumania comunista de 1982, la pequeña Maricica Irina Cornici y su hermano Vasile fueron abandonados por su Madre alcohólica en el orfanato Barlad. El padre de Maricica recién se había ahorcado enfrente de su hija.

El orfanato era tan malo como cualquier otro orfanato rumano de los que fueron expuestos al escrutinio occidental en los años noventa. Mientras estaban ahí, Maricica pasó hambre, fue golpeada y abusada. Los administradores constantemente robaban dinero, comida y objetos proporcionados al orfanato para niños, y Maricica y otros niños fueron utilizados para la pornografía infantil. Al comienzo de su pubertad, ella escondió sus características sexuales emergentes para evitar la violación y el acoso de otros niños mayores en el orfanato.

Ella aprendió karate y se volvió físicamente agresiva.

También desarrolló una relación erótica con una amiga cercana del orfanato, Paraschiva (o Chita) Anghel. Esta y otra relación con otra niña tenía un elemento sado-masoquista, en el que Maricica sentía placer al lastimar a sus compañeras. Aparentemente, ella también escuchaba la voz de su padre hablándole durante esos años en este orfanato. Fue un difícil comienzo para todo lo que le esperaba.

Cuando Maricica dejó al orfanato en el 2001, ella tenía 19 años de edad. Se estableció con lo que era llamado generosamente una "familia adoptiva" en la que trabajaba a cambio de comida y alojamiento. También trabajó en lugares en Alemania y ahorró algo de dinero, esperando mudarse a Alemania con Chita. Cuando Maricica luego descubrió que su familia adoptiva le había robado una parte de sus ahorros y la reemplazaron rápidamente con otra "hija" después de que ella se fue, sus molestias aumentaron. Claramente ella había realizado una mayor inversión emocional en ellos de lo que ellos hicieron con ella.

Cuando Maricica llegó al convento Tanacu (Santa Trinidad) en el que estaba viviendo Chita, ella no quiso irse. Maricica se quedó en el convento, cero al verse frustrado sus planes, ella se volvió cada vez más abusiva con las monjas, lanzándoles groserías e insultos antigay infundados. También estaba plagada de enfermedades físicas.

En abril de 2005, las mujeres la agarraron, la amarraron y se la llevaron al hospital del condado Vaslui después de un episodio violento, probablemente suicida. Luego se le liberó de la unidad psiquiátrica después de 15 días, a pesar del diagnóstico de esquizo-frenia. Aparentemente, ella tenía leucemia avanzada y una muerte a causa de eso sería una carga negativa para la unidad psiquiátrica ya que significaría una muerte a su cargo.

De vuelta en el convento, ella estuvo tranquila breve-mente, pero volvió a la violencia en mayo, incendiando la celda en la que vivía. Aun así, las monjas intentaron ayudarla con una demostración de amor, oraciones, confesión, obediencia y ayuno. No eran conscientes de su grave condición física. Pero su comportamiento y palabras llevaron a las monjas, quienes tenían poco o nulo conocimiento sobre enfermedades mentales, a pensar que estaba poseída.

Fue una sugerencia que posiblemente fue realizada en primer lugar por una enfermera del área psiquiátrica. El sacerdote a cargo del convento, el Padre Daniel Corogeanu, ahora se consideraba a sí mismo involucrado en una guerra con el demonio.

Mucho antes de encontrarse con Maricica, Corogeanu ya estaba alejado del cristianismo occidental. Con sólo 29 años, él ya estaba lleno de pasión y compromiso, se veía a sí mismo como un guerrero de las cruzadas en contra del demonio, y ya estaba adquiriendo un culto muy lejos de la zona muy tradicional de Rumania en la que vivía. La Iglesia Ortodoxa sancionaba el exorcismo, aunque no en la forma poco convencional que utilizó el Padre Corogeanu. Sin embargo, las personas locales estaban más que dispuestas a culpar todo tipo de enfermedades, incluyendo simples malestares físicos, a los demonios y el exorcismo solía estar más disponible que una atención médica decente.

Las monjas fueron seducidas fácilmente por el Padre Corogeanu.

Aunque la política oficial dice que no se pueden realizar más de dos exorcismos a un individuo en el plazo de un año, que debe haber presentes tres sacerdotes y que la enfermedad mental debe ser descartada de forma profesional por personas calificadas, el Padre Corogeanu no hizo caso a nada de esto. Bajo sus órdenes, las monjas prepararon a Maricica para el exorcismo. Actuaron sus manos y pies y la encerraron en una celda mientras celebranla ascensión. Después, fue trasladada dentro de la iglesia en una estructura de madera que algunos describen como planchas con reposabrazos y otros dicen que era como un crucifijo. Se le untó aceite bendito en la frente y en las muñecas. Paso tres días en la iglesia.

Durante este tiempo, ella no comía nada y posiblemente sólo bebió agua bendita. El Padre Corogeanu luego dijo que le habían ofrecido comida y bebida, pero ella lo había rechazado. Su boca estaba tapada con una toalla para prevenir que gritara, maldijera y blasfemara mientras que el Padre y las monjas rezaban por su liberación de los espíritus.

Después de eso, las monjas regresaron a Maricica a su cuarto y la desencadenaron, pero no podían despertarla.

Aunque el Padre Corogeanu dijo que ella estaba curada y que el desmayo después del exorcismo era algo común, las monjas llamaron a una ambulancia cuando descubrieron que tenía el pulso muy débil. Ella estaba muerta cuando llegaron al hospital. La autopsia reveló que Maricica murió de deshidratación, cansancio y falta de oxígeno, pero el Padre Corogeanu dice que murió debido a la inyección de adrenalina que recibió en la ambulancia (una declaración que recibió algo de crédito por el forense que examinó el cuerpo exhumado). El Padre fue sentenciado a siete años en prisión (y fue liberado en el 2011); las monjas fueron sentenciadas entre los cinco y ocho años.

4

Las posesiones Loudun

EL CASO más famoso de histeria masiva relacionado con supuesta actividad sobrenatural seguramente se trata de los juicios de Salem en 1690 en Estados Unidos. Sin embargo, es muy seguro que no haya sido el primer caso.

El fenómeno comenzó en Francia, en Aix-en-Provence, en 1611, pero se llegó a conocer con el nombre de las posesiones de Loudun en 1632. En Francia, el cargo no era la brujería, sino que varios sacerdotes acusaron a las jóvenes monjas de estar poseídas por demonios.

El sacerdote desafortunado en el centro del caso fue Urbain Grandier, un atractivo y carismático hombre que prefería formas más sencillas de fe y adoración para adornar los rituales de la Iglesia Católica. Sus aprendizajes reformistas y los hugonotes que formaban parte de su congregación, le hicieron poco popular con la iglesia de moda. Aun así, era popular con las mujeres. Se dice que tenía amantes, algo que no era ideal en un sacerdote, pero tampoco era particularmente fuera de lo común. En 1630, se le acusó de inmoralidad, pero pagaron la deuda, probablemente con ayuda de esos amigos en posiciones elevadas, y regresó a su trabajo como sacerdote en la parroquia de Loudun. Pero cuando tenía las esperanzas de tener el puesto de confesor para las monjas ursulinas en el convento de Loudun, su reputación como Casanova le jugó en contra y le dieron el puesto de trabajo al abate Mignon.

Hay dos relatos que entran en conflicto respecto a lo que sucedió después. Una versión es que el Obispo de Poitiers (quien posiblemente antes había ayudado a Grandier) se acercó a Mignon con un plan para desacreditar a Grandier al persuadir a las monjas de que fingieran posesión y le echaron la culpa. La otra versión es que las monjas se acercaron espontáneamente a Mignon para pedir un exorcismo. La principal referencia para este incidente es una historia escrita en esa época (1634), la cual está muy sesgada, e ilustra a Grandier como una terrible persona.

Se duda de que podamos obtener la verdadera versión de esta historia. Pero ya sean que fuera un engaño o no, no resultó nada bien para Grandier en los siguientes meses.

La priora a cargo del convento, Jeanne des Anges, junto con la subpriora, la Hermana de Colombiers, y una monja novata llamada Marthe de Saint-Monique, dijeron haber visto apariciones nocturnas durante la noche de un hombre religioso pidiendo ayuda. Algunos registros dicen que las monjas se quejaron de sueños sexuales (que luego dijeron ser sobre Grandier), evitaban durante la noche y que ninguna clase de ayuno y flagelación durante el día les brindaba alivio de esos asaltos nocturnos.

Después de haber intentado remedios médicos sin ningún éxito, no tuvieron más opción que pedir ayuda al confesor, el abate Mignon. Hacer que su problema fuera público fue toda una prueba para ellas. No solamente era vergonzoso admitir la posesión demoniaca, sino que también los patrones y los pupilos se distanciaron del convento, un desastre financiero terrible para ellos.

Mignon intentó el exorcismo y es probable que estuviera muy sorprendido y alarmado de descubrir que los espíritus poseedores denunciarán a Grandier como el instigador de este hecho malvado. En total, se descubrió que 17 monjas, incluyendo a Jeanne des Anges, estaban completamente poseídas o parcialmente bajo la influencia del ser maligno. Claramente, se necesitaban más intentos de exorcismo.

Los exorcismos fueron realizados por exorcistas expertos: un monje capuchino, el Padre Tranquille; un franciscano, el Padre Lactance; y un jesuita, el Padre Jean-Joseph Surin. Se volvieron espectáculos públicos que se llevaron a cabo en una plataforma construida en la catedral frente a 7,000 espectadores, a los cuales se llevaron las monjas encadenadas. Durante el exorcismo, las monjas sufrían convulsiones violentas por lo general, también llegaban a ladrar, gruñir, contorsionarse, gritar y decir cosas obscenas a los exorcistas. Un escrito contemporáneo da cuenta de que estas vívidas escenas:

. . .

"[Las monjas] golpeaban sus pechos y sus espaldas con sus cabezas, como si tuvieran los cuellos rotos y con increíble rapidez; giraban sus brazos en las articulaciones del hombro, el codo o en la muñeca, dos o tres veces.

Recostadas en sus estómagos, juntaban las palmas de sus manos con las plantas de los pies; su rostro se volvía tan aterrador que uno no podía aguantar mirarlos; sus ojos permanecían abiertos sin pestañear. Son lenguas repentinamente fuera de sus bocas, horriblemente inflamadas, negras, duras y cubiertas de granos, y aun en este estado todavía hablaban claramente. Se lanzaban hacia atrás hasta que sus cabezas tocaban sus pies, y caminaban en esta posición con gran rapidez y por mucho tiempo.

Emitían gritos tan horribles y tan fuertes que nada similar se había escuchado antes. Utilizaban expresiones tan indecentes que podían avergonzar al hombre más perverso, mientras que sus actos que al mismo tiempo se exponían a sí mismas e invitaban a un comportamiento lascivo de los presentes hubiera sorprendido a los residentes de los burdeles más bajos del país".

Las monjas utilizaban "juramentos y expresiones blasfemas tan desagradables tan poco escuchadas, que no pudieron haber sido sugeridas por la mente humana".

Según escucharon los testigos, ellas podían permanecer despiertas y hacer ayuno por cinco o seis días seguidos, y soportar los tormentos de la posesión dos veces al día por horas en ocasiones sin mostrar efectos de cansancio. En efecto, algunas incluso parecían más saludables que antes.

Un extraño comportamiento caracterizaba sus exorcismos. Repentinamente se quedaban dormidas, los cuerpos se volvían tan pesados que incluso un hombre fuerte no podía mover sus cabezas. Se podían escuchar voces extrañas peleando dentro de Françoise Filestreau, varias hablando al mismo tiempo, conforme los demonios discutían sobre quién debería tener el control de su habla.

Ella tuvo su boca cerrada todo el tiempo. Elizabeth Blanchard se ponía de cabeza durante sus convulsiones y Jeanne des Anges podía quedarse suspendida unos 60 centímetros sobre el suelo, y, en una ocasión, sólo dejó su codo sobre el suelo. Las monjas podían moverse de estar recostada boca abajo a ponerse de pie sin mover un solo músculo.

Sus contorsiones eran prodigiosas:

"Otras, cuando estaban en estado comatoso, se volvían flexibles como un pedazo de cuero, por lo que su cuerpo podía doblarse en cualquier dirección, hacia adelante, hacia atrás o a los lados, hasta que su cabeza tocaba el suelo; y permanecían en esa posición tanto tiempo mientras que no fueran a alteradas por otros".

"En otras ocasiones, llegaban a pasar el pie izquierdo sobre el hombro hasta la mejilla. También podían pasar el pie sobre la cabeza hasta que el dedo gordo del pie tocaba la punta de su nariz".

"Otras eran capaces de estirar sus piernas tan lejos o hacia la derecha y a la izquierda que se pueden sentar en el suelo sin ningún espacio visible entre sus cuerpos y el piso, sus cuerpos erectos y las manos juntas".

"Una, la Madre superiora, estiró sus piernas a tan extraordinaria extensión, que la distancia de pulgar a pulgar de los pies era de 2 metros, aunque ella misma medía solamente 1.30 metros".

Los registros de los testigos sobre su comportamiento fueron mandados a la Sorbona en parís, donde los doctores confirmaron que esto era evidencia de posesión demoniaca.

Jeanne des Anges (o un demonio hablando en su lugar) dijo que las monjas estaban poseídas por dos demonios llamados Asmodeus y Zabulon, diciendo que las posesiones habían comenzado después de que Grandier (supuestamente) en dejará un montón de rosas almizcleras en el convento. Ella dijo que las había estado visitando, en espíritu, no en persona, en el convento por muchos meses, incitando las acometerá actos lascivos.

.   .   .

Se demostró que las monjas podían hablar en lenguajes que ellas no conocían, un síntoma muy conocido de la posesión demoniaca. Estos incluían español, turco, alemán e italiano. Un tal M. de Launay de Razilli, que había vivido en América, dijo haber interrogado a una de las monjas en un lenguaje nativo americano y recibió una respuesta coherente. Cuando Grandier tuvo permitido confrontar a los demonios en su defensa, ninguno fue capaz de contestar a sus respuestas en griego. Sin embargo, esto no hizo mucho a su favor, ya que uno de los espíritus/monjas luego explicó que los demonios les habían prohibido hablar en griego.

Los exorcismos no liberaron a las monjas de los espíritus malignos y los asaltos nocturnos continuaron sin reducirse un poco. Inevitablemente, los exorcismos llevaron a la acusación y juicio de Grandier. El juicio fue algo así como una papa caliente política.

La corte francesa se involucró y el cardenal Richelieu decidió continuar con el procedimiento contra Grandier, incluso permitiendo la evidencia de los demonios (aquellos que hablaban a través de las monjas) en su contra. Luis XIII aprobó el hecho.

. . .

Richelieu tenía buenas razones para deshacerse del clérigo. El cardenal estaba alentando a Luis XIII para remover el poder de las ciudades locales y centralizarlo; el intelectual Grandier sabía lo que ocurría y se opuso. Las autoridades esperaban que un juicio rápido y condena terminaran con la posesión. Pero se decepcionaron.

Urbain Grandier fue arrestado y se comenzó su investigación. Como era costumbre, se le desnudó y se le rasuró toda la cabeza y el cuerpo. Luego fue examinado por un "cirujano" que descubrió tres "marcas del diablo" en su cuerpo. Una marca del diablo solía caracterizarse como una mancha que podía ser picada con una aguja y no causar ni dolor ni sangrado. Por supuesto, esto estaba abierto al abuso. Muchos de los examinadores tenían sondas telescópicas redondeadas que colapsaban bajo la presión de la piel, por lo que no causaban un daño inmediato al acusado, pero provocaban infinito después ya que se les identificaba como brujas.

. . .

De acuerdo con Nicholas Aubin, en un escrito de 1693, eso se utilizó para buscar marcas en el cuerpo de Grandier; se rechazaron las objeciones del cirujano y del boticario. Una pieza de evidencia podía tener importancia en un momento, pero ahora se puede decir que debilitaba el caso en su contra y apoyaba la sospecha de que estaba manipulado. Éste era un contrato firmado con el diablo, supuestamente con la letra de Grandier, el cual no sólo había sido firmado por Grandier, sino que también Beelzebub y otros demonios habían firmado.

En cierto punto, algunas de las poseídas parecían cambiar de opinión e intentaban retractarse de sus palabras.

Jeanne des Anges incluso apareció con una soga al cuello, diciendo que se iba a ahorcar si no le permitían retirar sus mentiras previas. Sin embargo, un noble poderoso, Laubardemont (quien resultó estar emparentado con Jeanne), dijo que cualquiera que testificara a favor de Grandier sería declarado traidor y se le confiscarían sus posesiones. Eso puso un alto a la defensa. Por último, 72 testigos brindaron evidencia en su contra.

. . .

La corte torturó sin descanso a Grandier, utilizando particularmente la "bota", una estructura que apretaba la pierna y en la cual se metían cuñas de madera con un martillo, lo que aplicaba una presión insoportable en la pierna. Él no confesó, ni se retractó, ni denunció a nadie, a pesar de que le fracturaron ambas piernas con la horrible tortura. Se registró que se rehusó al agua bendita y que no quiso llamar a Dios, a Cristo o la Virgen Santa durante su tormento. Aldous Huxley comentó que, ya que todo esto se realizó en el nombre de la religión, no es de sorprender que él no quisiera apelar a esa misma religión en medio de su sufrimiento. En una lógica distorsionada, sus acusadores dijeron que su rechazo a admitir hechicería bajo la tortura era más evidencia de su culpa, ya que los pactos con el diablo inevitablemente implicaban una cláusula que impedía que la bruja admitiera su participación. Aparentemente, el diablo fortalecía el corazón de las víctimas para hacerlas capaces de aguantar la tortura sin tener que renegar su promesa.

A pesar de su falta de confesión, Urbain Grandier fue declarado culpable y sentenciado a quemarse en la hoguera. Aunque era costumbre que las víctimas fueran estranguladas antes de arder, cuando el ejecutor dio un paso al frente con la cuerda, las llamas fueron encendidas y quemaron al hombre, por lo que se le negó a Grandier este último alivio para su agonía y fue lanzado aún vivo a las llamas.

Aparentemente, una parvada de palomas voló alrededor de la hoguera una y otra vez, y no podía ser despejada ni siquiera por los arqueros. Mientras que los hugonotes que apoyaban a Grandier dijeron que esto era evidencia del Espíritu Santo que demostraba su inocencia, los acusadores dijeron que las aves eran demonios.

Aun así, las posesiones continuaron y también los exorcismos. Se volvieron algo así como una atracción turística, ya que los espectadores esperaban ver a las monjas haciendo cabriolas por ahí, caminando sobre las manos, levantando sus faldas y actuando de forma lasciva. Grandier fue ejecutado en 1634, y los exorcismos continuarán hasta 1637, cuando Jeanne por fin fue declarada libre de los demonios que la poseían.

El abate Lactance, quien ayudaba a las mujeres poseídas, se dijo que él mismo había sido víctima de la posesión un tiempo después. Primero, el carruaje en el que se encontraba se volteó en un camino liso y luego experimentó la mayor agitación por parte de los demonios, quienes a veces lo privaban de la vista y a veces de la memoria; le producían ataques violentos de náuseas, le adormecían la inteligencia y lo preocupaban de muchas maneras.

El Padre Tranquille, el exorcista, sufrió un destino que se dice que fue similar, pero suena bastante diferente en todos los aspectos excepto en la causa putativa, los demonios: "lo aventaban al suelo, maldecían y perjuraban a través de su boca, hacían que sacara su lengua y siseara como una serpiente, llenaban su mente de oscuridad, parecía que estrujaban su corazón y lo abrumaban con cientos de tormentos diferentes". El cirujano que descubrió las marcas del diablo en Grandier tuvo visiones de él antes de morir. Estuvo acostado en cama por días, temblando y aparentemente loco, hablando con Grandier, a quien creía ver frente a su cama. Los que apoyaban a Grandier vieron esto como resultado de la culpa de lo que había hecho con pleno conocimiento.

Jeanne des Anges fue la única con suerte. Después de continuos exorcismos realizados por el abate Surin, ella fue liberada de los demonios y en su lugar se vio poseída por espíritus benevolentes. En su última sesión, él exigió que el espíritu poseedor la dejara y que escribiera el nombre de la Virgen en su brazo. Ella sostuvo su brazo en alto para mostrar el nombre "María" escrito claramente. Su liberación fue celebrada con un *Te Deum*.

Pero Surin no tuvo tanta suerte.

Él también se vio acosado por los exorcismos al final, en efecto, él había ofrecido su propio espíritu para expiar el sacrilegio que había presenciado en Loudun. Conforme Jeanne mejoraba, él empeoraba. En un periodo de 20 años, periódicamente fue incapaz de comer, de vestirse, de caminar, leer, escribir o rezar, y no tuvo éxito en su intento de suicidio al arrojarse de una ventana. Sin embargo, cuando era tiempo de predicar, sus contemporáneos dicen que estaba divinamente inspirado y que sus palabras flotaban, aún cuando no había sido capaz de prepararse. Se recuperó 8 años antes de su muerte en 1665.

5

Espíritus de la ola

EL 11 DE marzo de 2011, un terremoto sacudió la costa de Tohoku, Japón, causando un enorme tsunami que arrasó con la costa, destruyendo edificios y estructuras hasta 10 kilómetros tierra adentro. Murieron alrededor de 16,000 personas y otras 2,500 fueron reportadas desaparecidas. Para los japoneses, con sus fuertes creencias en los espíritus ancestrales y la relación entre los vivos y los muertos, esos muertos representaban un flujo catastrófico de *gaki*, o espíritus hambrientos, espíritus de los muertos que han sido arrancados severamente de sus relaciones con los vivos por una muerte repentina, sin funeral o por la destrucción o negligencia de sus santuarios.

· · ·

Existen muchas caras de la creencia, pero los rasgos esenciales son bastante consistentes.

Una persona que ha muerto todavía se trata como un miembro de la familia; se venderán su recuerdo con un *butsudan* (un altar en el hogar) y con un *ihai* (una tablilla conmemorativa). Se deslizan lentamente hacia el pasado siempre y cuando todo se realice de forma correcta, con el debido respeto y reverencia. Pero el tsunami destruyó familias enteras, sin dejar a nadie que velara y venerara a los muertos. Dejó a los vivos confundidos y entumecidos, sin los recursos necesarios para hacer lo que requieren los muertos. Muchas veces no había un cuerpo que enterrar. Incluso las familias que no perdieron a ningún miembro de la familia llegaron a perder los altares a sus ancestros; la destrucción significaba que sus ancestros fallecidos perdían su morada en el mundo de los vivos. Algunas personas incluso murieron en el desastre porque regresaron a sus casas a buscar a su *ihai*, sin querer dejar atrás a sus ancestros fallecidos.

Fue en este contexto de una gran relación entre los vivos y los muertos que el desastre azotó al noreste de Japón.

· · ·

Para los sobrevivientes, los espíritus fueron liberados al medio ambiente. Durante varios días, las personas reportaron haber visto fantasmas. No eran solamente los afligidos perturbados quienes decían haber visto los fantasmas de sus seres amados.

Las personas decían haber visto a un vecino fallecido ir a visitar los hogares temporales en el asentamiento de refugiados, que se sentaba en una silla por un momento y luego se iba, dejando la silla mojada con agua de mar.

Una estación de bomberos en Tagajo recibía llamadas que venían de zonas en las que los edificios habían sido destruidos por completo, no podía haber un incendio, no podía haber más desastre. Pero cuando los bomberos acudieron a las ruinas de todas maneras y oraron por los espíritus de los muertos, las llamadas fantasmagóricas se detuvieron. Un conductor de taxi recogió a un pasajero que pidió ir a una dirección que el conductor sabía que había sido destruida; a medio camino de ahí, el hombre desapareció del asiento de atrás; el conductor del taxi continuó hasta la dirección en ruinas y abrió la puerta para el pasajero invisible. Un hombre dijo ver los ojos de los muertos mirándole en los charcos cuando llovía. La Universidad de Tohoku comenzó a catalogar las historias relacionadas con lo que un sacerdote budista escribió sobre "un problema de fantasmas".

Por desgracia, los espíritus no se restringieron a sólo tomar taxis, realizar llamadas falsas o asustar a los vecinos.

Aparentemente, algunos tomaron el cuerpo de los sobrevivientes, llevando a una gran cantidad de reportes de posesiones por los espíritus de los muertos en el tsunami.

El Reverendo Kaneda el sacerdote al cargo en el templo Zen en Kurihara, a unos 50 kilómetros tierra adentro a partir de la costa en la que azotó el tsunami, pero él mantuvo un contacto directo con los familiares de los muertos e incluso con aquellos que parecían estar poseídos por los espíritus de las víctimas. Él le dijo al periodista Richard Lloyd Parry sobre dos casos de aparente posesión con los que tuvo que lidiar.

Uno fue un hombre, un constructor, que no fue perso-nalmente afectado por el desastre y que le costaba trabajo aceptar la realidad. Él y su esposa habían manejado hasta la costa para ver la devastación por ellos mismos, pero se volvió una excursión siniestra. Él había colocado una señal en su auto diciendo que era un auto que acudía en caso de desastres, para que así pudiera pasar sin problemas. Regresaron a casa bien despiertos por lo que habían visto.

Esa noche, la familia comió su cena de forma normal, pero él estaba muy lejos de lo normal después de eso.

De acuerdo con su esposa, él no tenía recuerdos de lo que había pasado, él se había puesto en cuatro patas y comenzó a gruñir y a lamer el piso, haciendo ruidos como una bestia y luego diciendo "Debes morir. Ustedes deben morir. Todos deben morir. Todo debe morir y perderse".

Luego corrió a un campo frente a su casa y se puso a girar en el lodo, como si hubiera sido revolcado en el mar, gritando "¡Ahí, ahí! ¡Todos están ahí, mira!". Eventualmente, su esposa lo llevó arrastrando de regreso a la casa, donde continuó gritando hasta la mañana siguiente.

. . .

Luego se quejó de que algo lo estaba presionando y se desmayó.

La siguiente noche él veía pasar figuras frente a la casa: padres e hijos, un hombre viejo con un niño, un grupo de amigos, todos cubiertos de lodo. Él dijo que se le habían quedado mirando, pero no tenía miedo, solamente estaba confundido por sus ropas enlodadas. Al día siguiente él estaba muy cansado después de un sueño irregular, tambaleándose por la casa gruñéndole a su esposa.

"¡Muere!" le dijo, "Todos los demás están muertos, ¡así que muere!". Su esposa lo llevó al templo, donde Kaneda tocó un tambor y recitó el Sutra del corazón sobre él. Al final, Kaneda roció su cuerpo con agua bendita y él recuperó el sentido y se sintió más tranquilo. Su nariz se sentía algo constipada y en el camino de regreso a casa, le salió una gelatina rosa brillante de la nariz.

Después de hablar con Kaneda, él creía que su visita poco seria a la costa devastada había enfurecido a los fantasmas de aquellos que habían muerto tan recientemente y de forma tan traumática. No se había acercado a la escena con el debido respeto. Como resultado, él había sido invadido por los espíritus no sólo de las víctimas humanas, sino también por algunos animales muertos en el tsunami, razón por la cual gruñía y se revolcaba en el lodo como un perro.

Kaneda también contó la historia de una enfermera de 25 años de edad que había acudido a él. Primero había llamado por teléfono, muy preocupada, diciendo que quería suicidarse y que cosas extrañas estaban entrando en ella. Su madre y su prometido la llevaron al templo. Su prometido dijo que ella se había quejado repetidamente de algo que la empujaba de un lugar bajo ella y que la presencia de los muertos se desbordaba alrededor de ella. Así como han hecho los exorcistas en occidente por siglos, Kaneda habló con lo que sea que la estaba poseyendo, preguntando quién era y qué quería. El espíritu despertó con una extraña voz, no la voz de la mujer, y siguió hablando por tres horas. Resultó que en el espíritu de una mujer que se había suicidado. Su Madre se había vuelto a casar y ella, sintiéndose indeseada, había huido para trabajar en el "negocio del agua", un mundo oscuro de clubs y prostitución. Ella fue víctima de un hombre desagradable y manipulador, y cuando ella se suicidó nadie había rezado por su muerte o encendido incienso en su honor. Kaneda instó al espíritu a ir hacia la luz, a dejar a la joven mujer y le roció agua bendita. Recitó unos sutras para ella. Al fin, la enfermera recuperó el sentido cuando el espíritu se fue.

Pero no fue lo último que Kaneda supo de ella. Ella regresó tres días después, al ser poseída por otro espíritu. En esta ocasión, ella se quejaba de dolor en su pierna izquierda, y cuando Kaneda la alentó a dejar de pelear en contra del espíritu y que lo dejara entrar, este habló con la voz gruñona de un viejo marinero. El espíritu dijo ser un oficial naval, asesinado durante la Segunda Guerra Mundial después de haber sido lesionado en la pierna.

Una vez más, Kaneda liberó a la enfermedad del espíritu que la poseía.

Esto siguió por varios meses. Todos los espíritus tenían cierta conexión con el agua, aunque no todos estaban relacionados con el tsunami. Entre estos se encontraba un hombre de mediana edad que estaba llamando desesperadamente a su hija, Kaori. Cuando sucedió el terremoto, él había conducido hasta su escuela en la costa para salvarla, pero se había ahogado. Cuando Kaneda le preguntó dónde se encontraba, el espíritu le contestó que se encontraba en el fondo del mar y que hacía mucho frío. Otro hombre había cometido suicidio después de que sus dos hijas hubieran muerto en el tsunami. Y otro, quien se había ahogado, estaba preocupado por su viuda que era infeliz, viviendo sola en una cabaña de metal y que guardaba una cuerda en una caja de zapatos, por lo que tenía miedo de que llegara a usarla para ahorcarse.

Kaneda ayudó pacientemente a cada uno de los espíritus a llegar a la luz, a veces más de uno cada noche. Tan pronto como la enfermera regresaba al trabajo, ella sentía que los muertos la presionaban otra vez y que estaba poseída tan solo unos días después.

En cierta ocasión, ella acudió a Kaneda quejándose de que estaba rodeada de perros y quejándose ruidosamente de que no quería estar poseída por un perro. Al final, ella cedió. Tres hombres intentaron mantenerla en el piso mientras el espíritu del perro tomaba su cuerpo, pero no pudieron controlarla. Ella gruñía y golpeaba el suelo mientras Kaneda leía los sutras.

Cuando se fue el espíritu del perro, ella reveló que era el fantasma de un perro que había muerto en Fukushima. El reactor nuclear en la estación de energía eléctrica había sido dañado por el terremoto y había liberado radiactividad en el área circundante, lo que llevó a una evacuación. El perro había sido abandonado encadenado y murió de hambre y sed. Ella reveló que las personas en trajes especiales se habían asomado a la casa del perro y habían visto su cadáver.

Eventualmente, la mujer aprendió algo de control y resistencia. Aunque todavía percibe a los espíritus, ellos ya no la pueden molestar y poseer en contra de su voluntad.

Pero Kaneda se sintió aliviado, comprensiblemente, cuando ella y su prometido se mudaron lejos de la zona.

6

Josué Velázquez en "La mano peluda"

Este es uno de los casos más escalofriantes del popular programa de radio "La mano peluda". Juan Ramón Saenz, locutor del programa, entrevistó a Josué Velázquez en 2002, quien relató que estaba intentando invocar a un demonio para obtener grandes riquezas. Si el lector aún no conoce esta historia, sepa que es uno de los episodios más escalofriantes que llegaron a escucharse en todo el país mexicano.

Josué Velázquez llamó por teléfono a la radiodifusora para contar estos hechos. El joven pasó cinco años tratando de entrar en contacto con un demonio, ayudado de un libro de brujería. Esto se debía a que su familia se quedó sin dinero y les costaba trabajo encontrar fuentes de ingresos que les sirvieran para sustentarse.

Sin embargo, cada vez parecía más difícil. Josué hizo todo lo que pudo, hasta que se le ocurrió la idea de vender su alma al demonio.

Después de investigar, Josué, de 16 años, decidió que quería invocar a Lucifugo Rofocale, quien, según decía su libro de brujería, ayuda a saber dónde encontrar riquezas y la persona que lo invoca puede sobrepasar la casualidad y la suerte, aunque también puede difundir enfermedades y enfermedades si el invocador se lo pide.

Josué pasó meses intentando invocarlo, hasta que una noche se le aparecen tres sombras que le dicen que requerían el alma de un ser querido si es que quería riquezas y poder. Josué les reclamó, puesto que él hacía todo eso para ayudar a su familia, no para afectarla. Los demonios le dijeron que tenía hasta la siguiente luna llena para matar a uno de sus familiares "o eso le iba a pesar" y desaparecieron.

· · ·

Josué le contó a Juan Ramon, el locutor, que en ese momento no sabía qué hacer y se dio cuenta de que sólo quedaban dos noches para la luna llena, así que debía tomar una decisión. No fue fácil, pero escogió a su abuelita.

Josué pensó, "a mis hermanitos no porque los quiero mucho, a mi mamá tampoco porque ella me dio la vida... ya sé, a mi abuelita, al fin, ella ya vivió".

El joven narró en la radio que durmió a su abuela con cloroformo y luego la asfixió. A partir de ese momento, la historia se vuelve un poco más siniestra. Josué tenía que escribir en la piel de la espalda de su abuela, con algún objeto punzante, la petición.

Al día siguiente, llegaron los peritos para hacer los trámites de la defunción, las huellas del crimen desaparecieron misteriosamente, por lo que parecía una muerte natural. Gracias a este sacrificio, Lucifugo le regaló a Josué el anillo de Salomón, anillo mítico realizado con ayuda de un arcángel, y le dijo que con él podía controlar a todos los demonios o mínimo a los 72 que fueron documentados. Cuenta la leyenda, que ese anillo le dio poderes sobrenaturales a Salomón y que pudo controlar a todos los espíritus, fueron los demonios quienes le brindaron la sabiduría necesaria para construir el templo de Jerusalén; luego de esa hazaña, encerró a los demonios.

En cuanto recibió el anillo, Josué empezó a recibir dinero y así pudo seguir con sus estudios.

También empezó a tener más oportunidades y se ampliaron sus conocimientos. Por otra parte, también tenía repentinos impulsos de hacer cosas malas y sufría ataques en los que su cuerpo temblaba y se quedaba sin aire. Así pues, eventualmente pudo acabar sus estudios, se graduó de biólogo y se mudó de casa para vivir solo.

Terminó su maestría y doctorado y luego fundó una empresa en California. En su nueva vida en Estados Unidos, siguió acudiendo a reuniones satánicas donde pudo conocer a prominentes figuras políticas. Todo esto a sus 20 años. Se podía decir que lo tenía todo, menos tranquilidad mental.

Sin embargo, una de las condiciones era que el día que ganaba el dinero, tenía que gastarlo todo ese mismo día o desaparecía. Igualmente, no podía donarlo, regalarlo o ofrecerlo a la caridad.

. . .

A pesar de tener muchas riquezas, poco a poco perdió a sus amigos y se distanció de sus familiares. Así, cayó en depresión. Fue entonces cuando marcó al programa de radio mexicano para pedir consejos.

Para Juan Ramón, el locutor, esta historia era una de tantas, pero conforme entrevistaba al muchacho, se podía notar cómo cambiaba el ambiente. Él mismo cuenta que en la cabina comenzó a sentirse cada vez más frío.

En vivo, durante la llamada telefónica, Josué dice que hay un ente que se aproxima a él en ese momento y se puede escuchar el miedo en su voz, su tono se agudiza y se le amontonan las palabras. A pesar de ser algo común para él, todavía sentía miedo. Juan Ramón le pregunta qué es lo que ve y Josué le contesta que ve a una mujer que flota, con una enorme boca y lengua de serpiente, "ahora está enfrente de mí y trae algo en la mano, trae una cruz invertida con un ojo en el centro. Lo que me preocupa es que me dijeron que, cuando viera esto, me iba a morir" y se escucha que empieza a llorar.

. . .

Juan Ramón, durante la pausa del programa, aprovechó para comunicarse con un experto en el tema, el pastor Roberto Guaso, quien le aconsejó invocar a Dios y abrir la Biblia. Juan Ramón se lo dijo a Josué, pero él no podía abrir la Biblia, decía que estaba como pegada. Agregó que el ente estaba en su cuarto y que ya lo había visitado la semana anterior y que lo había golpeado. Dijo tener miedo de que volviera a suceder.

Para ese momento, Josué dice que ya hay tres entes en su habitación y que lo están golpeando.

En la grabación se pueden escuchar las voces detrás de Josué, mientras el pastor le está diciendo que rece con él.

El pastor le pide que ponga en la radio una estación cristiana para que se escuchen las alabanzas y que se ponga "el casco de la salvación".

. . .

Mientras tanto, Juan Ramón cuenta que, en la cabina, la página de la Biblia que estaban leyendo, del Salmo 91, comenzó a enrollarse y desenrollarse sola, así como también una laptop que echó chispas y se apagó. La llamada telefónica terminó, no sin antes decirle a Josué que le volverían a marcar.

Juan Ramón volvió a marcar y contestaron unos empleados de Josué, quienes les informaron que su jefe había estado en un accidente durante el fin de semana. Aparentemente, lo habían golpeado brutalmente y le habían enterrado un crucifijo en el abdomen. Juan Ramón pudo contactar a Josué dos semanas después, quien estaba en el hospital.

Durante esa llamada, Josué contó lo que pasó. Los seres que lo golpearon mientras estaban orando en la llamada telefónica, volvieron poco después y destrozaron todo lo que estaba en su cuarto, los muebles salían volando por el cuarto, los espejos y los focos estallaron, hasta que una sombra se le apareció y le dijo, "te lo advertimos, hijo de puta. Ahora vas a recibir tu castigo y te vas a pudrir en los infiernos". Fue entonces cuando la figura, un poderoso demonio, agarró el crucifijo, que la abuela le había regalado a Josué hace mucho, y se lo enteró en el estómago con fuerza. Eso le causó una hemorragia interna y perdió el conocimiento, hasta que por fin despertó en el hospital.

Juan Ramón le llamó por teléfono unos días después, pero Josué no contestaba. No fue sino hasta dos meses después que Juan Ramón, preocupado por el muchacho, fue a Los Ángeles a buscarlo. Sabía la calle en la que vivía, pero preguntó a algunas personas para dar con la dirección específica. Sin embargo, esas personas le decían que no fuera, que ahí sólo vivía gente mala y que la casa estaba embrujada.

La casa denotaba un propietario con cierta riqueza.

Juan Ramón tocó la puerta y le abrió un hombre alto, delgado y de piel blanca, con mirada extraña. El hombre también cargaba a un gato negro. Del interior de la casa emanaba un olor como de heces. Juan Ramón explicó que estaba buscando a Josué y que estaba preocupado por él, preguntó si se encontraba en casa, pero el hombre sólo negó con la cabeza y le cerró la puerta en las narices.

· · ·

Dos días después, al no tener éxito encontrando a Josué, Juan Ramón volvió a México. Dos semanas después, Josué lo contactó por teléfono. Juan Ramón le contó lo que había sucedido, a lo que el joven le contestó que su casa estaba vacía, que no debía haber nadie en ese momento, y menos con esa apariencia, que no coincidía con ningún conocido o trabajador de Josué.

Nueve años después, en el 2010, Juan Ramón y Josué se verían una última vez a causa de una entrevista para un programa de una televisora mexicana. Josué accedió a la entrevista con ese programa poniendo dos condiciones, la primera era que estuviera presente Juan Ramón y la segunda que se realizara en una embarcación en el agua para que los demonios no hirieran al equipo, ya que no les gusta el agua.

En la entrevista, en la que nunca se ve el rostro de Josué, pero sí se ve que carga con un amuleto o algo similar, se habla de lo que pasó en el programa de radio y de lo que fue su vida después de eso. Ahí también se ve que lo atacan temblores repentinos y se aferra a su amuleto. En cierto momento, Juan Ramón se empieza a sentir muy mal del estómago y al día siguiente lo internan en el hospital por peritonitis. Los médicos dijeron que la causa fue una bacteria que lo infectó de forma generalizada. A los pocos días murió.

Muchas personas dijeron que la enfermedad fue causada por Lucifugo, quien se dice controla enfermedades, otros dicen que Josué hizo otro pacto para que fuera Juan Ramón quien muriera, y no él. Esa misma semana, el camarógrafo de la entrevista también fue hospitalizado y operado por afectaciones en el estómago. El reportero sufrió un accidente automovilístico y también fue hospitalizado, quedó paralítico por varios meses a causa de eso.

El padre que habló durante la entrevista de radio murió poco después del fallecimiento de Juan Ramón.

A pesar de varios intentos de otras personas para desacreditar y probar la falsedad del caso, nadie lo ha logrado.

7

La bestia desbocada

CHARLES GILLIAM ERA un hombre de muchos terribles secretos. Aquellos que trabajaron juntos a él decían que era una persona inteligente y un empleado consciente que se tomaba su trabajo como vendedor muy en serio. Para familiares y amigos, él era un amoroso hombre de familia que tenía a su esposa e hijos en muy alta estima. Pero Gilliam los había engañado a todos. Detrás de esa fachada de buen hombre se escondía un depravado y peligroso ser que haría cualquier cosa por su dios con pezuñas y cuernos, incluso dañar a sus propios hijos.

Gillian era un satanista practicante. A su esposa trabajaba por las noches, lo que lo dejaba solo con sus dos hijos y le permitía participar en terribles rituales satánicos con su secta.

Los hijos de Gilliam no solamente eran víctimas de acoso sexual en esas reuniones, sino que también eran obligados a ver los asesinatos ritualistas de pequeños animales. Cuando la esposa de Gilliam llegó a casa temprano una noche y lo descubrió en el acto, la secta se separó y la policía se involucró. Durante la siguiente investigación, los detectives descubrieron algo sorprendente. La secta supuestamente había sacrificado a un bebé humano. Aunque la policía descubrió la caja en la que supuestamente había sido enterrado, no pudieron encontrar el cuerpo mismo. Gillian evadió el cargo de asesinato, pero no de abuso infantil, y fue sentenciado a muchos años en prisión.

Puede ser que los secretos de Gilliam hayan sido expuestos, pero algo terrible y malvado permaneció escondido en la casa. Una entidad antigua y cruel, convocada por la maldad de hombres tontos, esperaba pacientemente a que llegara su momento para actuar. Solamente tenía que esperar a la presa indicada.

La familia McGrath amaba a su nueva casa. Eran muchos miembros de la familia y la casa de colonial encantadora en una tranquila calle de Washington D.C., parecía perfecta para sus necesidades. Pero la tragedia llegó unos cuantos días después de que se mudaran. Franks, padre de tres adolescentes y esposo de Judy, descubrió que tenía un cáncer que no se podía operar.

Murió un mes después. La familia estaba devastada, pero las niñas y Judy sabían que tenían que seguir adelante con sus vidas. El año siguiente, Judy consiguió un puesto de gerente de hotel y comenzó una nueva relación romántica. Las tres adolescentes, Ellie, Lisa y Katie, se adaptaron bien a la escuela e hicieron nuevos amigos. La sobrina de Judy, Aubrey, se mudó con ellas. Todo parecía ir bien para la familia cuando, de repente, un horror inimaginable cambió sus vidas para siempre.

Ellie, la hija de 17 años, fue la primera víctima. Su habitación estaba en el sótano, un gran espacio que estaba dividido en varias habitaciones, incluyendo un área para ver televisión y un bar. A Ellie le gustaba el sentido de independencia que le daba su habitación. Pero una noche, días antes de Navidad, ella hubiera dado todo para no estar sola. Ella estaba durmiendo cuando despertó violentamente por un ruido de golpeteo en su mesa de noche. Eran tres golpes violentos seguidos de rápidos golpecitos, y se repetía una y otra vez. Ellie tenía mucho miedo de ver qué sucedía, ella creía que alguien había entrado a la casa y que estaba a punto de matarla.

Repentinamente, el golpeteo se detuvo y Ellie sentía la presencia de alguien o algo justo al lado de su cabeza, respirando pesadamente en su oído. Su respiración era repulsiva y tenía una voz rasposa y arcaica que decía "te quiero hacer el amor". Llevada por el miedo, Ellie corrió hacia a la habitación de su madre. Mientras corría llena de pánico, ella pudo darse cuenta de una cosa: no había nadie en su habitación.

Judy trató de calmar a su hija diciendo que sólo era una pesadilla, pero Ellie insistió en que era algo real, algo con inteligencia y malicia, que había estado con ella esa noche. Judy se lo atribuyó a la imaginación salvaje de una adolescente y lo dejó pasar, hasta que, meses después, ella misma sufrió su propia noche de terror.

Ella estaba dormida cuando la despertó una respiración pesada en su oído. Ella intentó moverse, pero no pudo, intentó gritar y tampoco pudo. La presencia a su

lado emanaba pura maldad y Judy pensó que seguramente iba a matarla. Luego, a pesar de estar físicamente paralizada, ella sintió que caía y caía, su mente
llamando a Dios para que la ayudara. La sensación de
caída se detuvo y, de repente, Judy estaba en la sala.
Pero algo no estaba bien.

Los muebles se veían transparentes y nebulosos, las
paredes brillaban con los rostros de sus hijas. Judy se
movió a la cocina y agarró el teléfono. Marcó el
número de su madre, pero le contestó una voz masculina. La voz era de Frank, su esposo muerto. Judy gritó
y luego apareció de nuevo en su cama.

La experiencia extracorporal de Judy marcó el inicio de
un sádico reino del terror que dejó a las McGrath cuestionando su propia salud mental y temiendo por sus
vidas.

Frecuentemente se escuchaban pasos ruidosos en el
sótano y solían anunciar un terrible evento que estaba
por suceder. Un bebé llorando era otro ruido pertur-
bador que se solía escuchar, así como el ruido de un
animal gruñendo. Se veían sombras como de humanos

y masas negras que flotaban en los pasillos y atrave-saban puertas y paredes. Una noche, el novio de Judy, Doug, que ahora vivía con la familia, dijo haber escuchado llantos en la habitación de Lisa. Fue a ver qué sucedía, pero no había nadie en la habitación. Sin embargo, sobre la cama de Lisa había una muñeca de plástico con lágrimas en el rostro. Esa muñeca no habría sido fabricada para hacer ruido o llorar.

Otra noche, Doug se levantó al baño y se sorprendió al ver lo que describió como un "monstruo" de pelaje áspero pegado en todo su cuerpo agazapado en el pasillo. Él se quedó viendo asombrado como esa cosa desaparecía lentamente frente a sus ojos.

Con el tiempo, los ataques aumentaron en frecuencia y violencia. Un domingo después de misa, Judy y sus hijas y una amiga, Rachel, se reunieron en la sala de la casa para hacer unas oraciones especiales que el ministro de Judy había recomendado. Conforme estaban rezando, la más joven, Katie, de repente se quejó de que su estómago ardía como si estuviera en llamas. Ella levantó su playera y en la piel de su abdomen se veía una marca fresca de rasguño. Con renovado fervor, el grupo siguió rezando, pero se detuvieron cuando Katie volvió a gritar, "¡Mamá, mi cara!". Mientras las demás miraban, unas tres líneas rojas como de rasguños aparecieron en la mejilla de Katie. Un momento después, Rachel gritó mientras aparecían marcas de rasguños en su rostro, cuello y brazos. Para Judy, era obvio que las oraciones habían enfurecido a la presencia que estaba en la casa y rápidamente separó al grupo.

Al día siguiente, la sobrina de Judy fue atacada por el mismo demonio de garras.

La había rasguñado tan feo en la cara y en los brazos que incluso ella había salido sangre. Judy sabía que tenía que hacer algo, así que llevó a su familia a casa de su hermano. Pero, como descubrió rápidamente, dejar la casa no las ponía más a salvo. "Eso nos siguió", recuerda Judy, "y las niñas fueron atacadas otra vez". Judy miró con horror mientras algo rasguñaba el rostro de Katie. Ni siquiera acurrucándose para proteger a las niñas se detuvo el ataque.

Sintiéndose derrotada y asustada, especialmente ahora que sabía que no había ni un lugar seguro, regresaron a casa al día siguiente. Ahí descubrieron que había más horrores esperándolos.

. . .

Tuvo como objetivo a Katie otra vez. La niña dijo sus buenas noches y entró a su habitación cuando algo la detuvo en seco, su mente no comprendía por completo lo que estaba viendo. En su cama reposaba una bestia monstruosa y peluda, "como Pie grande", según describió después. Habló dentro de su mente, diciendo las cosas más viles y vulgares. Sosteniendo su gigante apéndice masculino en una mano, le dijo que la iba a violar y a matar de esa misma noche. Luego rugió con una risa perversa y se desvaneció en un abrir y cerrar de ojos.

Katie corrió hasta su madre en un estado de histeria.

Conforme Judy escuchaba sorprendida la horrible historia que contaba su hija, la invadió una sensación de desesperación e impotencia. Pero también estaba enojada. Ella entró a la habitación de Keith y gritó, "¡Por favor, te ruego como madre, no te lleves a mis hijos esta noche! ¡Cualquier cosa maldita que seas, no lastimes a mi hija, lastímame a mi si tienes que hacerlo!". La respuesta fue una risa retumbante y burlona que sacudió a toda la casa.

. . .

Sin saber qué más hacer, Judy le llamó al ministro bautista que le había dado las oraciones anteriores.

Disculpándose, le dijo que las cosas habían escalado más allá de su poder y que necesitaba llamara a un sacerdote católico para realizar un exorcismo. Eligiendo el primero de la guía telefónica, Judy llamó y explicó todo lo que estaba sucediendo: los pasos, los llantos, los gruñidos, lo rasguños y, ahora, las amenazas lascivas. El sacerdote escuchó y luego le dio una respuesta devastadora y despiadada. Le dijo que tal vez esa era la forma de Dios para hacer que volviera a la iglesia. Dicho eso, colgó.

Judy se quedó viendo al teléfono, sorprendida y con miedo. Si incluso un hombre de Dios no ayudaría a su familia, entonces ¿quién? Agarrando el teléfono con más fuerza, ella llamó a su último recurso, su madre. "Ya sé que casi es medianoche, pero tenemos que ir para allá. Es una emergencia". Tan pronto como dijo estas palabras, el llanto angustiante de un bebé inundó el aire, seguido de más risas horribles. La Madre de Judy, Bárbara, iba a preguntarle qué estaba pasando cuando el cigarrillo que fumaba salió volando de su boca repentinamente. Mientras ella miraba el cigarrillo salir volando por el aire, escuchó un silbido ensordecedor y el golpe sordo de algo golpeando un costado de la casa. Siguió el ruido de algo chocando y Bárbara vio que su estatua favorita, un ángel, había salido volando de su repisa y estaba en pedazos en el suelo. Un escalofrío extraño la atravesó tres veces.

Barbara dijo que cada una se sintió como un escalofrío de muerte.

Para ese momento, Judy y Bárbara estaban llorando en el teléfono, cada una sintiendo la inmensa tristeza y desesperación de no ser capaz de ayudar a la otra. Por desgracia, el malvado opresor no había terminado. Mientras Judy escuchaba con horror, los gemidos de su madre repentinamente se volvieron jadeos desesperados por aire.

Esa cosa estaba asfixiando a su madre. "No podía respirar", recuerda la mujer mayor, "podía escuchar un rugido en mis oídos y mucho ruido… Creí que iba a morir". Justo cuando pensó que iba a desmayarse, la mano invisible la dejó ir. Cayó sobre su silla y agarró un nuevo cigarrillo con manos temblorosas. Le dijo a Judy que estaba bien, asustada, pero bien.

Judy sabía que no podía llevar a sus hijas con su madre.

Cuando Doug llegó del trabajo una hora después, él, Judy y las niñas se reunieron en una habitación, Doug vigilando la puerta y Judy se acurrucó en la cama con sus hijas y sobrina. A pesar de estar aterrorizados por dentro, se consolaba un poco al saber que eran más. Ya que nada más pasó esa noche, tal vez esa era la clave. ¿Pero qué tanto podían mantenerlo así? No podían hacer todos juntos todo el tiempo.

Durante el siguiente mes, los McGraths volvieron a sus actividades normales. Aunque no corrieron otros ataques o eventos terroríficos, la familia no se relajó por completo.

Veían como estaban frecuentemente y ahora las niñas dormían dos en cada cama.

.   .   .

Pero su adversario, después de alimentarse del miedo de la familia, ya no podía esperar más.

Un domingo en la mañana a las 3:00 a.m., Lisa y Katie se despertaron por el sonido de unos ruidosos pasos que se acercaban a la puerta. Para su gran alivio, los pasos siguieron de largo por su puerta y avanzaron por el pasillo. Luego se detuvieron frente a la puerta de Elie y Aubrey. Aubrey ya estaba despierta. Ella se había despertado, bañada en sudor y aterrorizada de algo que no podía ver. Ella despertó a su prima. "¡Está en la puerta!", gritó. Las dos niñas miraron con horror mientras la puerta se abría y una gran masa negra se deslizó dentro de la habitación. Esa cosa saltó sobre la cama de agua de las niñas con tanta fuerza que fueron sacudidas como si fuera un barco en una tormenta. Luego, Aubrey sintió que el peso aplastante de esa cosa se apoyaba en su pecho, haciendo que fuera difícil respirar. Ellie le llamó a Judy, quien después recuerda haber corrido por el pasillo le había costado cada gramo de sus fuerzas. Sentía que corría en cámara lenta, sus piernas pesaban como plomo.

Cuando por fin llegó a la habitación, la cual estaba fría como refrigerador, Judy se lanzó sobre la cama y cubrió a las niñas con su propio cuerpo. Por el rabillo del ojo vio una figura oscura pasar por la puerta.

Un momento después, se escucharon gritos que salían del cuarto de Lisa y Katie. Esta vez no era una masa sin forma que se materializaba, sino una bestia peluda, y estaba parada a los pies de la cama de las niñas. Ellas se escondieron bajo las cobijas y Lisa sintió que se arrastraba sobre ella. Mientras estaban congeladas por el miedo e incapaces de moverse o hablar, la bestia gruñó y con una voz masculina y profunda soltó una letanía de todas las cosas sádicas y obscenas que le iba a hacer. Lisa pensó que iba a morir. Justo en ese momento, Judy.

Entró furiosa, sin saber ni importarle lo que era, pero lista para pelear por sus hijas. Por suerte, no tuvo que hacerlo; la bestia se disolvió en una neblina negra y desapareció por la ventana. Aunque odió hacerlo, Judy juntó a todos y manejó hasta la casa de su madre. Por suerte, la familia ya no tuvo más incidentes esa noche. A la mañana siguiente, temiendo por la seguridad de su madre si se quedaban demasiado tiempo, todos volvieron a casa.

. . .

Después de ese incidente, no hubo más ataques físicos a las niñas. Sin embargo, las dos hijas mayores tuvieron que lidiar un nuevo tipo de batalla, una psicológica que las dejó cuestionando su salud mental. Ellie fue la más afectada. Cuando estaba cocinando, la asaltaban unas ansias terribles de agarrar un cuchillo y apuñalar a alguien. Se descubrió fantaseando sobre lastimar a su familia y muchas veces se imaginaba lastimándose a sí misma.

Aubrey lidiaba con una obsesión con sus manos. Se movían por sí mismas, con gestos y en direcciones más allá de su control. Lo más horrible era cuando imaginaba que sus manos se transformaban en garras con las que quería rasguñar y destrozar a las personas. Aubrey describió esos momentos como si se estuviera partiendo en dos, en un lado bueno y en uno malo. Según lo que les dijeron después, estaban experimentando posesiones demoniacas, en las que la malvada entidad aumentaba el miedo, el enojo, el odio y otras emociones negativas, y las usaba para hacer que la persona se cuestionara su valor y su salud.

Al establecer el escenario, el demonio no perdió el tiempo para volver a atacar. Unas semanas después, a medianoche, Katie y Lisa se despertaron ante la horrible sensación de una presencia maligna cercana.

Lisa fingió estar dormida, pero Katie echó un vistazo a la puerta y vio ahí parada a una figura alta en las sombras. Rápidamente se acercó al final de la cama y en un instante estuvo sobre ella. Asfixiaba a Katie con su peso, su masa sin forma filtrándose en cada pliegue de su cuerpo. Katie tenía dificultad para moverse y para respirar, mientras esa cosa la presionaba tan fuerte que creyó que la tiraría de la cama. Después de lo que pareció una eternidad, ella sintió que sus pulmones se liberaron y pudo gritar. Lisa intentó ayudar a su hermana golpeando la cama con su almohada y gritando "¡vete!". Momentos después, Judy llegó, rodeando a las niñas con sus brazos hasta que Katie finalmente pudo hablar y decirles que esa cosa se había ido.

Pero no por mucho. Su terrible deseo de aterrorizar y lastimar a las mujeres McGrath apenas había comenzado.

Unas semanas después, Ellie se despertó por un ruido estruendoso, como si alguien estuviera golpeando las paredes con un martillo. No obstante, nadie más en la casa escuchaba el ruido, ni siquiera su compañera de habitación, Aubrey.

Mientras Ellie se esforzaba para ver en la oscuridad de la habitación, pudo identificar una figura en las sombras de un hombre que la estaba viendo desde los pies de la cama. Inmediatamente supo que lo que sea que fuera de eso, era algo malvado y que quería lastimarla o matarla.

Ella intentó despertar a Aubrey, pero eso estaba sobre ella antes de que pudiera hablar o moverse. Así como lo hizo con Katie, asfixió a Ellie con su cuerpo, pero esta vez entró en el cuerpo de su víctima de una manera dolorosamente sexual. Tan horrible como era la violación física, el ataque mental era peor. Invadió su mente con pensamientos malvados y sucios, "enfermos más allá de lo que se puede creer", como describió ella. Aunque el acto físico sólo duró unos momentos, las visiones en su mente la persiguieron por varios años después.

Aunque Aubrey no sufrió daño alguno durante el asalto nocturno a Ellie, ella se volvió la tercera víctima dos meses después. Tenía la habitación para ella sola, ya que Ellie se había quedado dormida en el sillón viendo la televisión. Ella recuerda haber tenido una noche difícil antes de finalmente decidirse a levantarse por un vaso de leche y despertar a Ellie. Se puso de pie en la orilla de la cama buscando sus pantuflas cuando vio lo que parecía ser un hombre sentado en su silla.

Pero algo no estaba del todo bien con ese hombre. Era oscuro y sin facciones, y su figura seguía cambiando y brillando como un holograma defectuoso. Se rió amenazadoramente y comenzó a tambalearse hacia Aubrey, quien ahora estaba conmocionada por el cambio repentino en sus alrededores. Toda la habitación se había distorsionado, ajustándose a la forma con la que esa cosa caminaba hacia ella. Se sentían desorientada y que iba a caer cuando el "hombre" le empujó hacia la cama. Aunque en su mente ella estaba peleando y resistiéndose, en la realidad estaba indefensa bajo el peso de esa entidad. Ella no podía ver, pero podía oler su aroma rancio y podía sentirlo moviéndose por sus piernas y espalda, empujando su cuerpo hacia el colchón y su cara contra las almohadas. La sodomizó y la dejó sola, llorando y avergonzada.

Judy tuvo suficiente. Si las iglesias locales no querían ayudar a su familia, ella encontraría a alguien que sí.

. . .

Acudió a una serie de documentales de la televisión que reportaban casos reales de cosas paranormales, ovnis, criaturas extrañas y otros fenómenos inexplicables. El programa habló de los McGrath en uno de sus episodios de 30 minutos, pero no pudo ofrecer ninguna ayuda inmediata además de eso.

Judy esperaba que alguien viera su pedido de ayuda.

Meses después, sus oraciones fueron escuchadas. Un productor del programa se puso en contacto con los famosos expertos paranormales Ed y Lorraine Warren, y les pidió que ayudaran con el caso. El productor quería hacer un episodio consecutivo para la familia que incluyera los descubrimientos de los investigadores profesionales. Los Warren estuvieron de acuerdo y se pusieron en contacto con un colega, el oficial de policía de la ciudad de Nueva York Ralph Sarchie para que les ayudara.

Sarchie, que había sido educado en demonología y exorcismos por los Warren y el escritor jesuita el Padre Malachi Martin, había visto el documental y sabía que los McGrath estaban lidiando con un demonio particularmente asqueroso cuyo propósito final era la posesión y/o la muerte de los miembros de la familia.

Los Warren y Sarchie se reunieron con los McGarth una tarde de primavera. Mientras Ed y Lorraine entrevistaban a cada uno de los miembros de la familia, Ralph recorrió la casa para tener una primera impresión. Cuando entró al sótano, una fuerte sensación de miedo lo invadió y lo hizo detenerse al instante.

Luego supo que esa era la parte de la casa que utilizaban Gilliam y sus compañeros satánicos para sus horribles rituales. Rápidamente regresó escaleras arriba.

Mientras volvía hacia la cocina, algo le llamó la atención.

Deslizándose por las puertas dobles que llevaban del comedor al patio había una masa negra sin forma. Ralph ya había visto esas manifestaciones antes en su trabajo, y después de verla pasar a través de la pared exterior, la siguió al patio donde, por supuesto, no había nada.

. . .

Ralph se reunió con los otros y escuchó los terribles hechos que todos habían experimentado los últimos años.

Judy terminó la entrevista con su propio ataque nocturno en solitario. Ella había ocultado el incidente para sí misma, pero al escuchar a sus hijas y sobrina contar sus horribles y muy personales testimonios, ella se sintió obligada a hacerlo. Sucedió una tarde en la que estaba inusualmente cansada y se fue a dormir temprano.

Apenas se estaba quedando dormida cuando se despertó al sentir una presencia en su habitación. Mientras enfocaba su mirada, ella no podía creer lo que veía. Un enorme en monstruo peludo la estaba viendo. Estaba de pie como un ser humano, pero tenían unos brazos muy largos. En vez de dedos, tenía unas enormes manos que terminaban en unas garras amenazadoras. "¡Es una bestia!", pensó Judy. Ella le gritó "¡Aléjate de mí!". Pero esa cosa estuvo sobre ella en un instante, asfixiándola con su cuerpo. Un terrible gruñido llenó la habitación y Judy se sintió vibraciones en toda su columna. Luego sintió que la bestia entraba en ella. El dolor era tan horrible que ella esperaba desmayarse. Menos mal, el ataque terminó rápido y, tan misteriosamente como apareció, la bestia desapareció.

Los Warrens y Ralph le explicaron a la familia que estaban lidiando con un íncubo, un demonio particularmente vil que aterrorizaba sexualmente a sus víctimas.

Aunque los demonios no tienen género, pueden tomar una forma masculina o femenina para violar a sus víctimas. Si el demonio toma la forma de un hombre, se llama íncubo.

La versión femenina se llama súcubo. Aunque no tienen placer en el acto sexual, se excitan con el terror, la humillación y la degradación que le provocan a su víctima. Las leyendas sobre este tipo de demonios se remontan a épocas muy antiguas, los escritos más antiguos que hacen referencia a estos seres fueron escritos en Mesopotamia, 2,400 A.C. Los teólogos cristianos Agustín y Aquino escribieron sobre ellos, al igual que el rey Jacobo en su *Daemonologie*. Han aparecido en todas las culturas y en todas las religiones. Suelen presentarse a sí mismos como hombres increíblemente atractivos cuando comienzan a seducir a sus víctimas. Pero, en otras ocasiones, como en el caso de los McGrath, simplemente quieren abrumar con violencia y terror, manifestándose como las criaturas de pesadillas que son. Dada la perversa naturaleza de los crímenes cometidos en esa casa, el abuso a los niños, no era ninguna sorpresa que un demonio desbocado con lujuria fuera atraído a esa escena. Ya era tiempo de terminar con su reino del terror y expulsarlo para siempre.

Ed y Lorraine reunieron a toda la familia en una habitación y se quedaron con ellos mientras Ralph realizaba un exorcismo en la casa. Yendo de habitación en habitación, Ralph quemaba incienso bendito y rociaba agua bendita en todas partes.

Después, mientras sostenía con fuerza a una rendición de la verdadera cruz de Cristo en su mano, recitó las oraciones del ritual de la Iglesia, sus ojos y sus otros sentidos muy alertas ante la actividad demoniaca. Ralph nunca había sido menos o para expresar sus creencias religiosas, las cuales se basaban en el tradicional catolicismo romano. Él creía que la fe, la virtud y la gracia eran necesarias para tener éxito en "el Trabajo", investigando los casos de posesión y opresión demoniaca, así como ayudando y realizando exorcismos. Estas creencias lo ayudaron las siguientes horas, cuando, finalmente, cerca de medianoche, diez horas después de haber pisado por primera vez la casa de los McGrath, cerró su libro de oraciones y puso atención al silencio. Estaba sorprendido de que el demonio no se manifestará a sí mismo de alguna manera durante el ritual, pero también estaba aliviado de haberse librado de eso. Su único susto fue cuando el refrigerador se encendió inesperadamente con un sonido ruidoso mientras estaba parado en la puerta de la cocina. Según recuerda, envejeció 10 años en ese solo segundo. Aunque no había rastros del demonio, solamente el tiempo podía decir si el exorcismo había sido efectivo.

Un año después, Judy llamó a Ed Warren para avisarle, muy feliz, que no había habido problemas después del exorcismo.

Por lo general, en situaciones similares el demonio puede dormirse o irse y volver. No parecía ser el caso. En su versión de la historia, Ralph escribe que la fuerza psicológica de la familia tuvo un papel muy importante en su supervivencia. En vez de permitir que el demonio los separara, ellos se mantuvieron juntos durante los peores momentos. Al compartir sus miedos y emociones, evitaron que los intentos del demonio los llevaran al aislamiento y a la desesperación.

Por desgracia, hay una gran cantidad de desgracias y depravaciones en el mundo que atraen a ese tipo de demonios como moscas a la miel. Aunque, la mayoría de las veces, el ataque es contra alguien que "se lo estaba buscando", siguen existiendo casos de personas inocentes.

Los McGraths tuvieron suerte. Lograron escapar de las garras de un horrible depredador. Por desgracia, hay muchos que todavía no lo logran.

8

El demonio del espejo

Por mucho tiempo, el folklor sugiere que los demonios y otras entidades paranormales son capaces de utilizar el cristal reflejante de los espejos para viajar entre el reino espiritual y el reino físico. Ya sea una vieja historia, elfos atravesando un espejo desde la tierra de las hadas o historias de duendes apareciendo en la superficie brillante de un espejo, existen muchos mitos de estas cosas en todas las tradiciones ancestrales de los humanos.

Ciertamente parece un elemento muy bueno para una historia sobrenatural antes de dormir, pero nos deja preguntándonos si tiene algo de verdad. Para Alisson Baily, de Xenia, Ohio, es completamente real, ya que experimentó un fenómeno como éstos en persona.

. . .

Alisson era una madre soltera que apenas se había mudado a una gran casa de campo en las afueras de Xenia. Ella esperaba un nuevo comienzo con su hijo de quince años, James, y creía que la casa y la comunidad alrededor serían muy buenos para esto. Pero estaba muy equivocada.

Al inicio, Alisson estaba muy feliz con su enorme y cómoda casa, la cual había conseguido a un precio muy accesible. Pero tan pronto como James entró a la casa, por instinto supo que algo no estaba bien. Simplemente podía sentirlo, parecía haber una presencia ominosa, acechando y esperando, cada pequeño crujir de en las tablas del piso o cualquier sonido en el ático hacía que James saltara de miedo involuntariamente.

Los instintos maternales de Alisson entraron en juego y rápidamente le aseguró a su hijo que solamente una combinación de su imaginación y los nervios de la mudanza. Después de desempacar, ambos dijeron buenas noches y se instalaron en sus nuevas habitaciones para dormir. Esta vez fue el turno de Alisson para tener miedo, porque tan pronto como comenzó a quedarse dormida, ella se despertó asustada por el sonido de pasos en el pasillo. Y no solamente pasos, también podía escuchar un leve susurro.

A pesar de lo que le dijo a su hijo, estar en un nuevo ambiente ya la tenía muy alerta, pero no por el miedo a los fantasmas y a los demonios. Simplemente tenía miedo de los ladrones y otros intrusos vivos. Al tener miedo de que alguien se hubiera metido a su nueva casa, Alisson se levantó y abrió un poco la puerta de su recámara para ver el pasillo, pero no vio a nadie.

Ella continuó mirando a la oscuridad por unos momentos antes de recibir el susto de su vida cuando la puerta del armario del pasillo comenzó a moverse por sí misma. No solamente se abría y se cerraba, ella podía ver claramente cómo se movía la perilla como si una mano invisible la estuviera moviendo. Sintiendo que su corazón estaba a punto de salirse de su pecho, ella recurrió a una técnica que siempre había funcionado en su infancia cuando tenía miedo de un monstruo en el armario: prendió la luz.

Para su alivio, cuando la luz iluminó el pasillo no había ningún ser espeluznante esperando atacarla. Solamente era un armario vacío en el pasillo con unas cuantas cajas apiladas a un lado.

Alisson trató de racionalizar la experiencia tan simple como que su mente privada de sueño estaba sufriendo desvaríos a mitad de la noche, pero, en el fondo, ella sabía lo que había visto él sabía que nunca olvidaría la visión de la perilla moviéndose por sí sola.

Y tampoco es que lo que sea que merodeara en ese pasillo le permitiera olvidarlo. La noche siguiente, Alisson se despertó en la oscuridad de su habitación y vio una figura oscura en la esquina. En esta ocasión, los ladrones eran lo último en lo que pensaba, porque instintivamente sabía que lo que veía no era humano. La silueta era la de una figura humana con una cabeza, dos brazos y dos piernas, pero definitivamente no era un ser humano de carne y hueso. Solamente era una sombra negra, que de alguna manera parecía ser más oscura que las sombras de su cuarto.

Tan pronto como la presencia demoniaca se dio cuenta de que Alisson la estaba viendo, salió disparada por la puerta hacia el pasillo a una gran velocidad. Cuando pasó frente al espejo de la mesa de noche, el espejo explotó en miles de pedazos. Alisson estaba en shock, pero se levantó, encendió todas las luces de la casa y fue a revisar que su hijo estuviera bien. Para su gran alivio, él estaba bien.

Alisson colapso en el sillón de la sala y se quedó ahí en un estado de tremendo shock hasta la mañana siguiente. Tan pronto como salió el sol, buscó en el directorio y llamó a un médium local. Le explicó su situación desesperada y la persona se lo tomó muy en serio.

Diciendo que tenía algo de experiencia con este tipo de cosas, la médium le informó que creía que una entidad malvada o demoniaca había entrado a su casa a través del espejo. No sólo eso, la entidad aparentemente había cerrado el portal interdimensional después de entrar, como lo indicaba el espejo roto. Esto significaba que este demonio tenía toda la intención de quedarse. Por supuesto, esto no era nada bueno para Alisson, quien ya tenía miedo, pero se sintió ligeramente aliviada cuando la médium accedió a ir a la casa tan pronto como pudiera para revisarla.

. . .

Por desgracia, no fue lo suficientemente pronto, ya que, esa misma noche, mientras Alisson estaba en el sillón viendo televisión por la noche e intentando tranquilizar sus alterados nervios, repentinamente sintió un peso misterioso sobre ella. Al inicio era ligero, pero rápidamente se volvió más pesado, hasta que sintió como si tuviera una cobija de plomo sobre su cuerpo, presionándola contra el sofá.

Justo cuando sintió que se iba a asfixiar por esa fuerza, repentinamente se detuvo, como si nunca hubiera estado ahí. Alisson ahora sentía que no era capaz de lidiar con la actividad paranormal en su casa ni una noche más.

Por suerte, la médium llegó al día siguiente. Después de recorrer la casa, ella dijo que fue capaz de entrar en contacto con un ente y lo que dijo confirmaba los peores miedos de Alisson sobre su naturaleza. La médium le dijo que el ente admitía ser un demonio que había cruzado desde el mismo infierno. Después de eso, la médium realizó una ceremonia de bendición en la cual intentó persuadir al demonio de que dejara la casa. También informó a Alisson de que sería buena idea retirar todos los espejos de la casa.

. . .

Alisson siguió las instrucciones, pero aun teniendo miedo de que siguiera recorriendo los pasillos por la noche, decidió hacer algo aún mejor: decidió mudarse. En unos cuantos días descubrió un departamento en renta y dejó atrás su casa embrujada por un demonio. Si el demonio que supuestamente cruzó a través del espejo sigue ahí, quizás algún nuevo habitante de la casa decida enfrentarlo. Pero, por parte de Alisson y su hijo James, ellos estaban felices de salir mientras pudieron.

9

Miguel Blanco y su encuentro con un demonio

MIGUEL BLANCO, director del programa de radio Espacio Blanco de Radio de España relata en su libro y en varias entrevistas su encuentro con un demonio. Pudo verlo claramente y hablar con él durante su primer viaje a Haití. Fue una experiencia terrible que no pudo sacar de su cabeza.

A inicios de los años noventa, Miguel Blanco y su equipo de grabación estaban haciendo una gira por América haciendo un documental. Ya habían pasado por Puerto Rico, Cuba, el Amazonas y ahora iban a Haití. Ahí, los recibieron en la embajada española con los brazos abiertos.

. . .

Nada más llegar a Puerto Príncipe, la ciudad capital, Juan Blázquez les dijo que había un *houngan* o *bokor*, un brujo o sacerdote, de apellido Turrier, que era el segundo más importante de la isla y que trabajaba "con magia de la mano derecha y de la mano izquierda". Esto se debía a que Blanco estaba investigando y documentando hechos paranormales y quería ser testigo de un auténtico ritual vudú.

Llegaron por la mañana y ubicaron a esta persona. Así fue como el periodista español pudo hablar con él. Para su sorpresa, a pesar de ser presentado como un tipo de mucho poder y poderes sociales, económicos y mágicos, cosas que uno suele dudar, se puso a hablar con Blanco en el francés local, el creole, y le comenzó a contar cosas de la propia vida de Blanco sin conocerlo. Por teléfono le decía cosas que era imposible que alguien desconocido supiera, incluso alguien con una relación personal, puesto que le comentó sobre su personalidad, sus deseos y anhelos. Blanco quedó sorprendido y algo convencido de sus poderes sobrenaturales, por lo que organizaron una reunión al día siguiente, a las siete de la mañana.

. . .

Por su parte, el houngan se sentía honrado de que lo hubieran buscado y encargado buscar lugares donde se hicieran rituales, por lo que accedió a encontrar un buen lugar.

Miguel Blanco acudió solo con su equipo de dirección a ver a este hombre, ya que los demás miembros del equipo estaban cansados por el viaje previo al Amazonas. El periodista esperaba encontrarse a un hombre místico e imponente, pero descubrió que era "un golfo sinvergüenza", mujeriego y todo lo que puede representar la antítesis de un sacerdote. Eso fue toda una sorpresa.

Sin embargo, mientras iban en el coche rumbo al lugar que iban a filmar, el houngan lo miraba fijamente y le dijo, "¿Miguel, quieres conocer un diablo?". Por supuesto, Blanco creyó que estaba bromeando. Durante toda la hora que estuvieron en el auto, Blanco se comenzó a formar una opinión de él bastante negativa, creyendo que era toda una farsa. El sacerdote le preguntaba casualmente, "¿Quieres que te presente a mi diabla de tres pechos, que mide dos metros y pico?". Es muy difícil que alguien se tomara en serio esas palabras, atribuyendo a que el hombre era un "cachondo mental", como pensó Blanco.

Aunque Miguel Blanco no le creía nada de lo que decía, el houngan hizo que comprara varias botellas de Ron y varias velas, y luego se fueron a ver al primo del sacerdote, ya que él realizaba los rituales. Blanco accedió a lo que decía el hechicero principalmente por cansancio, pero quedó muy sorprendido cuando llegaron a la casa del primo.

La primera impresión le causó una gran sorpresa. Había una antesala con varios asientos, como si fuera una recepción o una sala de espera para el médico. Del cuarto de atrás salió una pareja de gente de color, y la mujer se veía transfigurada del rostro, como si hubiera visto algo muy impactante o hubiera tenido una experiencia muy fuerte.

Los hicieron pasar al cuarto y los presentaron. Blanco, que estaba iniciando en la religión caribeña, fue recibido con cierto respeto. Le dijeron al primo sacerdote que Blanco estaba ahí porque quería ver al diablo.

Mientras ellos hablaban, dejaron a Miguel revisar las cosas que estaban por ahí. En medio de la habitación había una "como caja de zapatos" de 1.60 metros de altura por 1.50 metros de ancho y 2 metros de largo. Estaba cubierta por una tela, aunque no recuerda si era roja o negra para cuando relató los eventos.

Lo dejaron revisar dentro de la caja y ahí encontró huesos humanos, cráneos, cartas del tarot, cuchillos, tijeras y muchas manchas oscuras, que después supo que era sangre.

Después de revisar, comenzó el ritual. Se sentaron frente a la caja. Alguien comenzó a tocar una carraca y a invocar en creole. La caja comenzó a moverse y a pegar tremendos saltos. Blanco estaba muy sorprendido y hasta asustado porque él había revisado que no había nada dentro de la caja que pudiera provocar ese tipo de movimiento. No obstante, le parecía sospechoso. Continuaron con el ritual y, de repente, se escuchó una voz que salía de la caja. Esa voz hablaba en creole y tenía un hablar muy particular, gangoso y "le patinaba la r", como si tuviera frenillo.

· · ·

La voz saludó a todos los presentes y preguntó, como si viera a través de la caja, "¿y este blanco quién es?".

Considerando que los blancos no son muy bien recibidos en Haití, causan miradas y palabras despectivas por parte de los lugareños, tenía sentido que le resultara extraño a aquel ser ver a un blanco entre ellos.

Aunque el ser hablaba en creole con los demás, a Blanco le habló en perfecto castellano. Le pregunto que a qué venía y qué quería. Blanco le contestó que había ido a ver al ser y que quería conocerlo.

La voz continuó como si nada, hablando con los demás, ignorando al periodista. Pero Blanco llegó a escuchar a dos o tres voces hablando dentro de la caja y ésta se movía de forma violenta. Entonces, alguien le dijo "hay dos diablos dentro y se están peleando". El primo del sacerdote clavó un cuchillo en la caja y el movimiento se calmó.

Así pues, continuó hablando la voz principal, la voz gangosa con frenillo. En cierto momento, la voz se dirigió a Blanco y le dijo que iba a hablar con él. En un español castellano perfecto, olvidándose de todos los demás, le empezó a decir cosas de su pasado, del pasado de Miguel Blanco que nadie de los presentes conocía, le decía cosas realmente íntimas que nadie de ellos debería saber. Luego le dijo cosas sobre su futuro, "ten cuidado con una enfermedad que vas a tener en los pulmones, vas a estar a punto de morir, vas a perder a tu novia, vas a perder la casa" y otras tantas cosas más. A pesar de que ese ser había dicho cosas acertadas sobre su pasado, Blanco no le creía lo que le decía sobre su futuro.

Luego le dijeron que entregara la ofrenda que había llevado, el ron. Levantaron la tela que cubría la caja y le dijeron que tuviera cuidado porque era un diablo muy violento, por lo que debía soltar rápido la botella en cuanto sintiera que la agarraban, porque, si no, le podía arrancar la mano. Él siguió las instrucciones y, en efecto, sintió que alguien agarraba la botella.

Siguió el ritual y luego le preguntaron a Blanco que cuál era su objetivo con todo eso, que si quería hacerle daño a alguien, que si quería pactar o qué cosa quería. Blanco contestó que solamente quería ver al demonio que estaba ahí. Le preguntaron que si no tenía miedo, a lo que contestó que no. Le insistieron en si eso era lo que quería, pues no tenía una apariencia agradable, que era peligroso, que olía mal, pero Blanco no se dejó convencer.

Así pues, accedieron. Pusieron una línea de sal entre ellos y la caja, luego levantaron la tela. Blanco vio a un individuo al fondo de la caja, como a metro y medio de él.

Era un ser blanco, enano, como de 1.20 metros de estatura, muy huesudo, muy viejo y con una barba de chivo blanca muy larga.

Algo que dice Blanco que nunca va a olvidar, es la mirada de ese ser, unos ojos amarillos inyectados en sangre.

El ser comenzó a avanzar hacia Blanco, tambaleándose, con un brazo estirado en su dirección. Miguel estiró la mano como para tocarle, pero el houngan le dio un manotazo y no lo dejó tocarlo. A pesar de ser algo humanoide, era un ser muy extraño.

Taparon la caja con la tela una vez más y continuaron con el ritual hasta que por fin terminó. El ser se despidió de todos, incluso le dijo "adiós" a Blanco, en castellano.

Luego levantaron la tela para que viera que aquel ser había desaparecido.

Cuando salieron del ritual, Blanco le dijo al houngan que estaba alucinado con la experiencia y que quería grabar eso. El houngan le había ofrecido en esa sesión que le permitiría grabar un ritual vudú, incluso con demostraciones, en el que realizarían el sacrificio de un bebé por 10,000 pesetas. Blanco rechazó esa parte, por supuesto.

Era increíblemente poco lo que pedían, teniendo en cuenta que Blanco tenía un presupuesto de medio millón para ese viaje, que por supuesto aceptarían porque eso significaba solucionar la vida de ellos y de varias generaciones más. No obstante, como era una cuestión de religión, tenía que preguntarle al diablo y ver si accedía.

Al día siguiente, el hougan le dio la noticia de que el diablo no quería que lo grabaran, por lo que no podía hacerlo, a pesar de todo el dinero que le habían ofrecido.

En las muchas preguntas que realizó Miguel Blanco a los sacerdotes vudú, supo que era un diablo de muchos, no era el Diablo, ni un humano. Ese demonio había hecho un pacto con el primo del houngan y con su hermano de siete años de abundancia, de bienestar y de riquezas a cambio de sus vidas.

Cuando, tiempo después, Miguel Blanco volvió a visitar al houngan y le preguntó por su familia, este le contó que los dos primos habían muerto el mismo día, en dos accidentes diferentes, en dos lugares diferentes, como si el diablo hubiera acudido a cobrar su tributo.

. . .

Igualmente, en un lapso de seis años, todas las predicciones que hizo el demonio sobre Miguel Blanco se cumplieron. Luego de eso, Blanco emprendió una investigación en la búsqueda de ese diablo en otras visitas a Haití, pero nunca más volvió a verlo.

Una invitación para el demonio

———————————————

SHAYLEE WILLIAMS ESTABA segura de que había más cosas en la vida que su aburrido estilo de vida en la rural Dakota del Sur. La televisión, los programas y las películas que a ella le encantaban con brujas, demonios, mata vampiros y demás, eran muy populares entre todas sus amigas adolescentes, pero para ella eran más que un simple entretenimiento. Los personajes eran atractivos, llenos de confianza y habilidad. Sus aventuras dejaban ver una posibilidad de una realidad más emocionante que iba más allá de los límites de un pueblo rural. Aunque Shaylee sabía que los programas eran fantasía y que los héroes eran actores, tenía suficiente interés como para leer cada libro que poder encontrar sobre magia, hechicería y lo oculto.

· · ·

Mientras devoraba todo ese material, su emoción aumentaba al saber que le estaban dando las llaves a un mundo secreto y que muy pronto se abrirían las puertas de cosas inimaginables. Ciertamente, Shaylee llegaría a ver cosas nuevas, pero no eran exactamente lo que tenía en mente.

La primera experiencia de Shaylee con lo paranormal se remonta a su infancia cuando se despertaba a mitad de la noche para encontrar a un hombre viejo nativo americano sentado a los pies de su cama. No daba miedo particularmente y, ya que su familia tenía parte nativo americana, Shaylee asumía que era un familiar lejano y se volvía a dormir. La idea de los fantasmas no la molestaba mucho, ya que varios familiares decían tener habilidades especiales que les permitían ver y hablar con los espíritus.

La misma Shaylee recordaba ver a otros espíritus humanos de niña, pero su madre le había enseñado a no tener miedo porque siempre podía rezar para que se alejaran.

. . .

Ya que ahora era una adolescente, con un interés obsesivo por lo oculto, Shaylee no tenía ninguna intención de deshacerse de sus visitantes espectrales.

Más bien, se concentraba en atraerlos esos esfuerzos pronto rindieron frutos. Las apariciones nocturnas de sombras de personas se volvieron algo normal, así como las visitas de la "vieja bruja". En la tradición oculta la vieja bruja es una presencia demoniaca que se sienta sobre el pecho de las personas mientras están durmiendo, inmovilizando a la víctima y generando una sensación de terror e impotencia, si no es que una sensación de asfixia.

La ciencia moderna llama a este fenómeno parálisis del sueño, un estado entre las etapas del sueño y el despertar en el que la persona está consciente, pero no se puede mover o hablar. Por lo general, la parálisis viene acompañada de visiones de figuras demoniacas, el sonido de susurros o voces y una sensación de maldad dirigida hacia la víctima. Aunque es perturbadora y algo aterradora, los expertos dicen que la parálisis del sueño no es peligrosa o indicativo de una condición seria.

. . .

Mientras que la mayoría de los investigadores paranormales y exorcistas religiosos aceptan la explicación científica en la mayoría de los casos de la parálisis del sueño, hay algunas ocasiones en las que, según reconocen, puede deberse entrar en contacto con otros planos de existencias.

El exorcista español, el Padre José Fortea advierte que aquellos que participan en ritos ocultos tienen mayores riesgos de sufrir terrores nocturnos, pero las personas inocentes también pueden ser atacadas. Algunas veces, en estos casos, la persona se despierta con moretones o marcas de mordidas en lugares que ellos mismos no pudieron haber alcanzado. Vienen en conjunto con pesadillas que duran meses y los dejan bañados en sudor o gritando de miedo. Su consejo, más allá de obviamente detener las prácticas ocultas, es utilizar agua bendita y rezar antes de dormir, con la intención específica de pedir protección en contra de los ataques demoniacos. Si la actividad se detiene después de esta práctica nocturna, entonces es probable que tuviera un origen demoniaco.

Otras víctimas han dicho que colocar un crucifijo, una Biblia, la estrella de David u otros símbolos religiosos cerca de la cama puede ayudar a reducir los ataques, o al menos ayudar a que se sientan más seguros a la hora de dormir.

Por desgracia para Shaylee, ella no siguió ninguna de estas medidas preventivas, sino que se metió de lleno en lo oculto, aun cuando sus ataques nocturnos aumentaron de intensidad y frecuencia.

A veces, ella se sentía atada al colchón, incapaz de mover un músculo mientras algo le siseaba con una respiración caliente en el rostro. Eventualmente, estas visitas nocturnas cambiaron a una forma diferente, en esta ocasión, el visitante tenía rostro, pero, como muy pronto se enteraría Shaylee, era igual de malvado.

Se hacía llamar Justin, y era muy guapo. Su rostro juvenil venía acompañado de una complexión delgada, ojos cafés penetrantes y cabello oscuro y ondulado que llegaba hasta los hombros. Pudo haber salido de cualquiera de las portadas de las novelas románticas que leía la madre de Shaylee, pero en vez de tener el pecho descubierto, Justin siempre se aparecía con una playera negra y pantalones negros. Al inicio, las visitas eran inofensivas; ella disfrutaba con sólo estar en la presencia de ese hermoso ser. Sin embargo, una noche, ella se despertó a la dolorida y en pánico al descubrir que Justin la intentaba violar. Shaylee luego pensó que había caído en algún tipo de hechizo, ya que el horror de ser violada por un cuerpo espectral se volvió el placer más exquisito que ella hubiera conocido.

Ella sólo podía pensar en él después de eso y su obsesión la llevó a ansiar sus encuentros nocturnos, los cuales continuaron por un año.

Durante el día, Shaylee se metía de lleno en las enseñanzas del famoso ocultista Aleister Crowley y pasaba horas estudiando *La llave menor de Salomón*, un grimorio escrito de forma anónima sobre demonología. También pasaba cada vez más tiempo con su Ouija, encantada con su habilidad para utilizarla para llamar a Justin, siguen manifestaba su presencia en el tablero realizando figuras en forma de 8. Años después, Shaylee descubriría que esta es una característica común del demonio Zozo.

. . .

Mientras tanto, a Shaylee le encantaba asustar a sus amigas con la Ouija cuando hacían pijamadas. Una noche, ella le pidió a Justin que moviera el cordón de la lámpara de techo. No solamente hizo que se moviera la cuerda, sino que aparecieron las palabras "FUERA DE AQUÍ" en el tablero, haciendo que Las amigas de Shaylee salieran corriendo y gritando por la puerta principal.

Gracias a la lectura de *La llave menor de Salomón*, Shaylee sabía sobre los símbolos y señales de varios demonios. En poco tiempo comenzó a escribir los símbolos en su cuerpo y siempre tenía uno pintado en la palma de su mano. En poco tiempo se volvió más curiosa respecto a sí podía hacer más cosas con los símbolos de los rituales mágicos.

Una chica en la escuela la molestaba, así que utilizó uno de los símbolos para convocar a un demonio que persiguiera a la chica. Ya sea por coincidencia o por una intención demoniaca bien calculada, la chica que la molestaba sufrió un accidente que la dejó en el hospital.

. . .

Sin embargo, el placer de Shaylee por su aparente habilidad para ordenar a los demonios duró muy poco, ya que comenzó a experimentar en ella misma la mayor parte de su malicia y traición. Al ya no poder controlar a sus malvados secuaces, Shaylee permanecía despierta por horas debido a que las personas en las sombras flotaban sobre su cama y le quitaban las cobijas. Justin también comenzó a aparecer más seguido, pero sus acciones eran cada vez más violentas y terribles, dejándole marcas de mordidas y moretones al día siguiente. Aterrada con lo que había liberado después de semanas de tortura nocturna, Shaylee acudió a la religión de su madre y se volvió una cristiana renovada. Por desgracia, su repentina conversión no era la solución instantánea que ella esperaba.

El día después de hacer su profesión de fe, Shaylee se reunió con el pastor y, siguiendo su consejo, volvió a casa e inmediatamente tiró todos los libros, arte y objetos de ocultismo.

Ella se fue a la cama esa noche esperando que sus noches de terror hubieran acabado. Recibió la presencia tranquilizante de su gato junto a ella mientras se quedaba dormida. A las tres de la mañana se despertó por el sonido de una campana. Mientras abría los ojos y lentamente se levantaba, un destello de luz iluminó una horrible figura de dos metros en su puerta. Aunque la figura encapuchada tenía la apariencia general de un hombre, estaba deformada horriblemente, su piel quemada y colgando de su rostro como cera caliente, sus ojos eran pozos negros vacíos. El brazo de esa cosa estaba estirado mientras sostenía la cadena de un perro negro de apariencia aterradora. Shaylee se levantó e intentó pedir ayuda, pero su voz no funcionaba. Provocado por su movimiento, el perro gruñó amenazadoramente y tiró de su cadena. El gato de Shaylee saltó sobre su pecho, rasguñándola terriblemente. Aún incapaz de utilizar su voz, Shaylee recitó en su cabeza cada oración que sabía, con una invocación especial para el arcángel Miguel. Eventualmente cayó sobre su almohada, desmayada de puro cansancio. Cuando se despertó a la mañana siguiente, lo que recordaba como un terrible sueño rápidamente se transformó en realidad cuando vio sangre seca en su pijama y pecho.

Shaylee continúa su vida como cristiana y dice que ya no sufre ataques nocturnos tan seguido, aunque todavía hay ocasiones en las que recibe visitas demoniacas a las tres de la mañana. No sale herida, ya que puede rezar para que se vayan, una confirmación del consejo que le dio su madre muchos años atrás. Por supuesto, desea ya no recibir visitas malignas, pero acepta el precio a pagar por haberse metido con lo oculto. Igualmente advierte que no le den permiso para entrar a los demonios, ni siquiera en broma, ya que harán todo lo que puedan para quedarse para siempre.

11

Demonios militares

Se sabe que la guerra es un entorno bastante siniestro y terrible de por sí, pero hay ocasiones en las que los mismos soldados se han encontrado con cosas que desafiaron su razón y ni siquiera su entrenamiento los preparó para eso.

Esta es la historia de Douglas Dietrich, quien participó en las dos guerras de Iraq, pero el horror llegó cuando, en una noche oscura, se enfrentó a un terrible mal paranormal. Todos en la base militar de Presidio, en San Francisco, en la que se encontraba Dietrich fueron testigos de un ritual satánico para invocar un demonio que les brindara visión nocturna. Dietrich era un investigador bibliotecario para el Departamento de Defensa en El Presidio Real, una base militar en San Francisco.

Se dice que el ejército estaba implicado en un culto satánico bajo el mando del Teniente Coronel Michael A. Aquino, creador del Templo de Set, de la iglesia satánica. El mismo Dietrich narró los hechos para el programa de radio *Los desvelados*, de Víctor Camacho. Aquino estaba plenamente convencido de que el demonio existía.

Cuando trabajaba como civil para la Biblioteca Militar, Dietrich se puso en contacto con unos rangos ligados al satanismo y descubrió que había varios oficiales que habían obtenido su puesto por razones desconocidas. A parte de cumplir con su trabajo destruyendo documentos clasificados, dice que también le asignaban localizar y conseguir grimorios oscuros increíblemente raros para Aquino.

Aquino, especialista en la psicología de la victoria, uno de los tantos proyectos militares, tenía información confidencial. En la biblioteca, el Teniente Coronel usaba una mano de cera "ofensiva" y experimentaba respecto a la visión a distancia. Su objetivo era crear soldados especiales, asesinos, con la ayuda de demonios.

. . .

Los presentes en esa ocasión eran trece personas, eran de rangos que iban de Mayor para arriba.

Todos seguían las instrucciones de Aquino al pie de la letra, ya que era un especialista en los conocimientos de la magia oscura, por lo que también conocía muy bien sus consecuencias.

Los militares convocaron a una sola voz al llamado Ángel de la Muerte, pero la voz de Aquino se escuchaba multiplicada sobre ellos. Fue entonces cuando el cuarto comenzó a oscurecerse y algo tenebroso entró a la habitación. Debido a que se sacrificó a una persona, la invocación funcionó, el proyecto iba a funcionar a pesar de los terribles métodos. Según dice Dietrich, el soldado que falleció se llamaba John, tenía 62 años, intentaba realizar el ritual, pero le salió mal y acabó muriendo de un paro cardiaco.

Realizaron rituales para que los demonios les enseñaran a disparar en la oscuridad, de modo que tuvieron que pintar pentagramas en los rifles M16, pensando que el demonio acudiría al arma por ese medio. Así, las heridas que provocarían serían demasiado profundas y no se podían curar con medios clínicos.

. . .

En la habitación, un ambiente de terror cayó sobre todos, el mal estaba presente.

Para sorpresa de todos, se comenzó a sentir un extraño frío, como si no hubiera nada vivo alrededor, como si todos ahí estuvieran muertos. Sus sentidos se adormecieron.

Cada noche hacían el ritual para convocar a los demonios a altas horas de la madrugada, abriendo la puerta hacia el más allá. Sacrificaban seres vivos, humanos y bueyes. Los altos mandos se hacían cortes en los brazos. Todo para poder apuntar sus armas en la oscuridad. Pintando el pentagrama invertido, convocaron a un demonio, probablemente a Abadón, el llamado Ángel de la Muerte. Este ser se manifestó ante ellos, cambiando todas las sensaciones del lugar.

Dietrich observaba todo lo que sucedía, escondido. Sentía odio y miedo hacia aquellas personas que perturbaban el orden de la vida y la muerte. Pero el mal ya estaba hecho.

Aquino había utilizado sus conocimientos sobre el ritual de los nueve ángulos que había aprendido en la

Iglesia de Satán, junto a quien se le conoció como el Papa Negro.

No obstante, Aquino iba más allá, tratando de encontrar una aplicación militar a esos conocimientos demoniacos.

Las voces se elevaron en la madrugada y así se creó el espanto. La oscuridad de la noche se fue transformando hasta que el terror se apoderó de los presentes que se habían atrevido a convocar a los poderes demoniacos. Era una presencia intangible, pero real.

Dietrich cambió a partir de ese día, pero el mal ya estaba en la base militar.

Todo esto se descubrió a partir de acusaciones de abuso infantil en la base militar de El Presidio. Dietrich descubrió no sólo evidencia de esto, sino también de pornografía, estafas, control mental, experimentos médicos y crímenes satánicos. Esto, según testifica Dietrich, sucede en todas las ramas militares del ejército estadounidense.

. . .

Ya sea conspiración o realidad, no hay duda de que hay algo oscuro en el interés bélico tan intenso del ejército estadounidense.

El demonio en el circo

_____

ESTA HISTORIA la contó el hijo de la víctima después de que su padre le relatara a su hijo un recuerdo de cuando tenía 20 años de edad. Esta persona cuenta que su padre conoció a un hombre extraño que decía ser un ilusionista, pero lo que le mostró era algo que iba más allá de lo que esperaba. Sucedió en Ciudad Juárez, México, en 1942, en una ocasión en la que llegó el circo.

Es una tarde de verano cuando el padre y el tío de este joven acudieron al circo que estaba de visita en la ciudad.

. . .

A pesar de los muchos espectáculos que tenía prepa-
rados este circo, los hermanos decidieron ver los espectáculos más extraños, querían sorprenderse con cosas
nuevas.

Al padre el joven le fascinaban las cosas extrañas
como el hombre elástico, la vaca de dos cabezas, la
gallina que cantaba y todas las otras atracciones
extrañas que proporcionaban estos eventos.

Por desgracia, en esta ocasión, quedó decepcionado.
Solamente tenían las presentaciones normales, nada
nuevo y era evidente que algunas eran falsas. Aun así,
encontraron a todos chicas que estaban dispuestas a
escuchar algo de música, por lo que iban a salir cuando
se encontraron con un hombre bajito y rechoncho que
usaba esmoquin.

Este hombre desconocido se presentó y comenzó a
hablar sobre los espectáculos de fenómenos y cosas
extrañas.

Luego alzó su brazo y los sorprendió exclamando que
era el mejor ilusionista en el mundo. Dijo que tenía un
truco que era tan aterrador como sorprendente. El

padre del joven le preguntó si era parte del circo, a lo que contestó que había hecho una audición, pero el dueño del circo lo había rechazado. Cuando preguntaron por qué, el extraño contestó que su acto había sido tan aterrador que el dueño lo había acusado de ser el mismo Demonio.

Ya que eso logró capturar el interés de los dos hombres, le pidieron al extraño que les mostrara su acto. Estela accedió, sólo con una condición: tenían que ir a la casa rodante en la que vivía, que no estaba muy lejos de ahí, y entonces les mostraría su acto.

Los dos hombres y las dos mujeres que los acompañaban siguieron al extraño hombre hasta que llegaron a la ubicación de la casa rodante. Subieron los escalones y entraron, luego se sentaron en un sillón, donde pudieron darse cuenta de que era un lugar bastante agradable y bien cuidado.

El hombre extraño encendió todas las luces y se puso una capa, comenzó con su presentación, hizo una reverencia, alzó su mano derecha y se puso un guante blanco en esa mano. Extendió su brazo al frente y comenzó a pasar su mano izquierda por abajo, por arriba y alrededor de la mano enguantada, mientras abría, cerraba y movía los dedos de la mano derecha.

Ese extraño personaje comenzó a enunciar unos cánticos en un lenguaje que los presentes no conocían. Luego, con su mano izquierda agarró la punta de guante blanco, miró a todos los presentes y les preguntó si estaban listos. Dijeron que sí. El hombre se quitó el guante con un movimiento rápido.

Todos quedaron sorprendidos, pero no de forma agradable. La mano del hombre era puro esqueleto, no había músculo ni piel, pero podía mover los huesos de su mano como si fueran dedos normales. El tío del joven se levantó o para mirar de cerca, pero el extraño agarró la cabeza del hombre con la mano huesuda y les dijo: "ahora sí les voy a mostrar algo bueno".

Las mujeres salieron corriendo, gritando y llorando, enseguida las siguieron los hermanos. El extraño hombre salió a su puerta gritando y riendo. El padre del narrador se dio la vuelta para ver una última vez. El hombre que estaba parado ahí sobre los escalones tenía una gran sonrisa. En el suelo había una plancha de madera con clavos apuntando hacia arriba. El extraño saltó sobre los clavos. El padre del joven pudo ver cómo los clavos atravesaban los zapatos del hombre y manaba sangre de las heridas. El padre se quedó paralizado mientras el extraño se reía una vez más y lo apuntaba con su dedo esquelético.

El tío regresó, agarró del brazo de su hermano y se lo llevó corriendo. Ambos estaban seguros que habían visto a un demonio espeluznante que disfrutaba burlarse de los desprevenidos. Estaban agradecidos de haber podido escapar, pero es algo que nunca podrán olvidar.

13

El primer encuentro

EL PASTOR JOHN HEGEE ha tenido varios encuentros demoniacos a lo largo de su vida religiosa, pero siempre recordará la primera vez que sucedió. Tenía 26 años cuando ocurrió y era su primera iglesia de la que se hacía cargo. Creyó que ya estaba listo para esa experiencia, pero estaba muy lejos de ser cierto.

Un lunes por la mañana, alguien le llamó por teléfono, se identificó como la señora Smith, y le pidió que fuera a su casa para rezar por ella. Cuando el pastor pidió una explicación, ella le dijo que había visto el anuncio fuera de su iglesia que tenía el teléfono y que ella necesitaba que rezaran por ella porque creía tener un espíritu demoniaco. El pastor accedió a visitarla a pesar de que no era parte de su iglesia.

Condujo hasta la casa de la señora, que resultó ser una mansión. Ella lo recibió vestida toda de blanco y ambos entraron a la sala. La señora comenzó a contar su historia. Dijo que su marido era un empresario que trabajaba cinco días a la semana en Nueva York, por lo que ella se quedaba sola mucho tiempo y se aburría, así que decidió jugar con cartas de tarot.

El problema surgió cuando, dos noches atrás, ella estaba leyendo las cartas en la misma mesa que estaba junto a ellos y, mientras lo hacía, escuchó que se abría la puerta principal de la casa y que algo caminaba por el pasillo.

Alega que lo que sea que haya entrado esa noche, también entró en ella y que seguía ahí.

El pastor estaba analizando sus palabras, intentando encontrar una explicación psicológica que sus años de estudio le podían brindar. Así pues, le preguntó que por qué creía eso. La señora contestó que, a partir de esa noche, ella había estado usando un lenguaje muy vulgar, impropio de ella; había pensado crueles y vulgares; y sentía que era capaz de asesinar a alguien sin sentir remordimiento.

Tratando de encontrar una solución, el pastor decide leerle la historia del demonio de Gadara, cuando Jesús estaba expulsando a los demonios. Abre su Biblia y comienza a leer. Conforme está leyendo, después de dos minutos, la señora Smith empieza a contorsionarse. Subió sus piernas a la silla, sus manos aferrándose a sus tobillos, la cabeza inclinada. Su mirada estaba fija en el pastor.

Con una voz masculina, la mujer, o lo que sea que estaba dentro de la mujer, dijo, "Te odio, John Hegee".

El pastor nunca había visto nada similar en su vida, él sólo quería salir corriendo, pero siguió leyendo la Biblia.

Inexperimentado como era en ese entonces, no sabía qué más hacer, sólo esperaba que esa cosa se fuera.

. . .

Terminó de leer y cerró la Biblia, la mujer seguía ahí, retorciéndose. El pastor dijo, "Señor Jesucristo, no sé qué está mal con esta mujer. He tenido mucha educación, pero no tengo una teología que se equipare a lo que le sucede a ella".

Sin saber qué más hacer, el pastor ordenó, esperando que funcionara, "Por la autoridad que me concede el nombre de Jesús y por la sangre derramada en la cruz, yo asumo la autoridad sobre lo que está dentro de esa mujer. Le ordenó al poder demoniaco que puede estar ahí, que se rinda y se entregue al poder del hijo de Dios".

Inmediatamente, la mujer cayó de su asiento al piso.

Quedó recostada ahí por dos minutos y luego se levantó como si se hubiera despertado de un sueño y se quedó mirando al pastor. Luego le preguntó "¿Qué hago aquí en el piso?". El pastor simplemente le contestó que creía que por fin había sido liberada del espíritu demoniaco.

. . .

La mujer se levantó, aliviada. "Se ha ido, se ha ido". El pastor le recomendó que se purificara de todo eso y que volviera a una vida cristiana. Al domingo siguiente, la señora y su esposo acudieron a la iglesia del pastor Hegee a recibir la comunión y se volvieron fieles devotos, hasta que se mudaron de ciudad.

14

Los niños de ojos negros

Los ojos de niños negros son un grupo de niños que tienen ojos completamente negros, no hay parte blanca en su globo ocular, y se aparecen sin explicación alguna.

Algunas personas dicen que son fantasmas y otros dicen que son demonios, pero si algo es seguro, es que no debes abrirles la puerta.

Los niños de ojos negros han aparecido en varios lugares del mundo, pero sus avistamientos han sido más frecuentes en Estados Unidos. Se les describe como niños de entre 6 y 16 años de edad. Se dedican a acosar personas y que luego del evento ocurren cosas extrañas.

. . .

Tienen un comportamiento muy peculiar que nadie comprende por completo.

La primera vez que se escuchó de ellos fue en 1996, cuando un reportero de Texas, Bryan Bethel narró su experiencia con estos seres. Una noche de agosto, Bethel salió a depositar un cheque junto a un cine, la luz de la marquesina alumbraba la noche. Bethel estaba escribiendo su cheque en el auto, cuando dos niños se acercaron y tocaron su ventana. Parecían ser un niño de 14 años y otro de 10 años, uno más alto que el otro, ambos tenían puestas sudaderas con capuchas cubriendo su rostro.

A pesar de no estar en riesgo, o eso creía, Bethel sintió que el miedo lo invadía por completo, incomodo por no saber la razón. Bethel bajó el vidrio para ver qué querían. El niño alto le sonrió con unos dientes inusualmente blancos (hay casos de niños con ojos negros que tienen dientes puntiagudos). El niño le explicó que habían dejado su dinero en la casa y preguntó si los podía llevar.

. . .

Los instintos de Bethel entraron en acción.

Sentía que algo no andaba bien, por lo que les preguntó que a qué película iban, más que nada para hacer tiempo y pensar en qué hacer. Ellos contestaron, pero Bethel había notado en la marquesina que esa película había empezado una hora atrás. Fue entonces cuando Bethel se dio cuenta por primera vez de los ojos de los niños, eran completamente negros, como agujeros negros.

Cuando notaron que Bethel los había visto bien, ellos se molestaron, exigiendo que los dejara entrar al auto, le decían que no le iban a hacer daño, pero que los dejara entrar. Estaban muy insistentes, golpeaban las ventanas y jalaban las manijas. Bethel encendió el auto y pisó el acelerador.

Tuvo que dar una vuelta para salir, pero cuando volvió a pasar por el mismo lugar, los niños ya no estaban.

A partir de ese momento, más gente comenzó a reportar sus encuentros con estos seres. Hay ciertas características que comparten todos los encuentros: niños tocando puertas o ventanas pidiendo entrar.

Dina M., en su encuentro con estos seres narra que estaba en la cocina cuando alguien comenzó a tocar a su puerta.

Toc-toc, y una pausa, luego se repitió varias veces. Ella abrió la puerta para ver qué pasaba. En el umbral había dos adolescentes de aproximadamente 14 y 16 años de edad. Ellos sólo se le quedaron viendo. Dina preguntó que si se les ofrecía algo. El mayor de ellos dijo que sus padres los habían dejado solos en esa zona y que necesitaban usar el teléfono, que si los dejaba entrar.

En ese momento, Dina vio los ojos negros de los niños y se quedó paralizada. A ella acudió un fuerte impulso de dejarlos pasar, pero ella no quería. El niño mayor dijo, "Sólo nos vamos a tomar un momento. Déjanos entrar. Ayúdanos". Dina se dio cuenta que, durante todo ese tiempo, ella se había movido hacia atrás, como para dejarlos pasar. Cerró la puerta de golpe y corrió a llamar a la policía por teléfono.

. . .

Cuando la policía llegó y buscaron por los alrededores, no encontraron ni rastro de los niños.

Con eso se puede notar el patrón de los niños de ojos negros. Siempre se aparecen de noche o en la madrugada, tocan la puerta y siempre piden permiso para entrar, de lo contrario no pueden entrar. Suelen aparecer por parejas. El primer instinto de todas las personas que los ven es peligro o pánico, sin saber muy bien por qué. Luego piden permiso para entrar con una voz monótona y siempre tienen un pretexto. A veces, las personas que los han visto dicen que parecen no tener emociones y algunos dicen que no parpadean.

Uno de los pretextos que suelen utilizar es bastante curioso. En un caso en Lake County, California, los niños pidieron entrar y pidieron usar un telégrafo. Es como si los niños de ojos negros no estuvieran bien conscientes de la época en la que están. Otro elemento curioso que se ha notado en lugares en los que ha llovido o ha caído nueve, es que los niños no dejan huellas.

. . .

Algunos creen que son adolescentes que simplemente están bromeando con los adultos, que utilizan lentes de contacto que cubren todo el ojo, aunque sería algo difícil de conseguir. Y que desaparecen porque corren rápido.

Sin embargo, las apariciones, cuando llegan, también suceden de formas extrañas e inexplicables.

Un piloto de la Fuerza Aérea, llamado D. Robbins, se encontró con unos niños de ojos negros. Los niños llamaron a su puerta, él les abrió, y ellos le dijeron que tenían frío y que si los dejaba pasar para leer algo. El hombre no podía dejar de mirarlos fijamente a los ojos y tenía una sensación extraña, como si se estuviera quedando sin energías. De repente, noto que los niños habían estado avanzando, como para entrar. Por la adrenalina, Robbins pudo apartar la mirada y cerrar la puerta. Luego de eso se sintió extremadamente cansado.

Se seguían escuchando pasos y que tocaban a la puerta.

. . .

El caso es espeluznante porque el piloto se encontraba en un edificio de departamentos en una base militar, por lo que no debía haber niños en el lugar y era extraño que nadie los hubiera detenido al entrar o al salir.

Hay ocasiones en las que las luces se van y hay interferencia en los dispositivos como radios y televisiones.

Pero lo más terrible es que después del encuentro, todos los que los han visto han sufrido de estrés postraumático luego de eso. No sólo es el miedo, sino que las personas, después de verlos, sufren de insomnio, pesadillas recurrentes, terror nocturno y una sensación de miedo que no se quita. Esos síntomas pueden llegar a durar meses.

En un caso especial, los niños de ojos negros dejaron más que sólo trauma psicológico. Hace 7 u 8 años, en Las Vegas, Nevada, un hombre cuenta que alguien llamó a su puerta a las 4:30 de la mañana. Cuando abrió la puerta, se encontró a un adolescente como de metro y medio de estatura, vestía una gabardina negra, tenía pelo negro, usaba lentes oscuros y comía una manzana. El joven le pidió de forma muy educada si lo dejaba pasar para refugiarse del frío. El hombre, aterrado, dijo que no y cerró la puerta, poniéndole la cadena de seguridad. El niño volvió a insistir. El hombre abrió, con la cadena puesta, y le dijo que se fuera. El niño insistió. Cuando el hombre quiso cerrar la puerta, el niño metió la mano y sostuvo la puerta. El hombre podía sentir la mirada intensa del niño detrás de los lentes. El niño dijo "¿por lo menos me puedes dar kétchup para mi manzana?". El señor le dijo que ni de chiste y que su esposa ya estaba hablando a la policía. El niño le contestó, "no le vas a hablar a nadie" y sacó la mano. El hombre pudo cerrar la puerta y se asomó por la ventana, no vio a nadie.

La pareja se fue a trabajar, sin llamarle a nadie, ya sea porque se les olvidó o inconscientemente hicieron caso a lo que les dijo el niño de ojos negros. No vieron nada extraño fuera de su casa. Pero cuando volvieron, encontraron la manzana a medio comer frente a la puerta de su casa.

Lo más importante de todo esto es no dejarlos entrar. Sin embargo, sí hay testimonio de quienes sí los han dejado entrar y es lo peor que podrías hacer. En un caso del 27 de octubre de 2016, en Vermont, Estados Unidos, la historia se repetía. Tocaron a la puerta en la madrugada y una mujer atendió, había dos niños de no más de ocho años, un niño y una niña. Tenían cortes de pelo muy peculiares y nada a la moda. A pesar de que estaba nevando y de que no llevaban ropa de invierno, a los niños no parecía molestarles. La mujer, que no identificaba todavía que sus ojos eran completamente negros (una característica que también ocurre en los encuentros) creyó que eran dos niños menonitas perdidos. El esposo, quien también se había asomado, les preguntó que dónde estaban sus padres, y ellos contestaron que llegarían pronto. La señora los dejó pasar para prepararles un chocolate.

Mientras la mujer preparaba los chocolates, el señor les preguntaba sobre sus padres. En ese momento, los cuatro gatos de la casa comenzaron a sisearle a los niños y a comportarse muy extraño. Luego, el señor empezó a marearse y le dio dolor de cabeza. Cuando la esposa entro a la habitación con la bandeja con tazas de chocolate, se dio cuenta de los ojos completamente negros de los niños. La charola chocó estrepitosamente en el suelo cuando la mujer la soltó.

Como si nada hubiera pasado, los niños pidieron usar el baño. La pareja los dejó ir, fingiendo que todo estaba bien. Ambos niños se fueron al baño. En privado, la señora le preguntó a su marido si había visto los ojos de los niños, a lo que éste contestó que sí. En ese momento, el hombre comenzó a sangrar por la nariz. Se levantó para ir por pañuelos, pero en eso se fue la luz. Al final del pasillo, en la completa oscuridad, estaban parados los dos niños. Luego de unos segundos, uno de ellos dijo "ya llegaron nuestros padres" y caminaron a la puerta. La pareja se asomó a la ventana y vieron un auto negro y a dos hombres vestidos de negro, medían casi dos metros de alto. El hombre, dentro de la casa, se despidió de ellos agitando la mano. En el exterior, esos seres solo se le quedaron viendo, todos subieron al auto y se fueron.

Durante los meses siguientes, cosas extrañas ocurrieron.

Tres de los cuatro gatos desaparecieron, a pesar de que vivían dentro de la casa. El cuarto gato, cierto día, lo encontraron muerto en la sala, en un charco de su propia sangre. El veterinario solo les pudo decir que fue una hemorragia. El hombre siguió con sangrados por la nariz y, cuando fue a ver al médico, le diagnosticaron cáncer de piel. Sin embargo, el tipo de cáncer que le diagnosticaron es el que se suele encontrar en personas que se broncean en camas de luz UV, como si ese hombre se expusiera continuamente a eso. La señora igualmente sufrió mareos y sangrados de nariz, además de otros problemas médicos.

Eso deja la pregunta de quiénes son y qué quieren. Los casos de niños de ojos negros comenzaron después de la historia publicada por Bethel, pero resulta que hay registros de estos avistamientos desde antes de eso. En los años setenta se registraron visitas de personas con ojos negros, solo que eran adultos, pero su forma de actuar era exactamente la misma.

En 1985, en Nueva York, un hombre de ojos negros pidió a una pareja en un auto que lo llevaran.

Este registro anula la posibilidad de que fuera algo inventado y difundido gracias al Internet. Nadie sabe bien qué son, unos dicen que son alienígenas y otros dicen que son demonios como los vampiros que absorben la energía. Muchos apoyan la segunda opción, puesto que los seres no pueden entrar si no les dan permiso, como sucede con los demonios y vampiros.

. . .

Un último caso peculiar, que no es único, pero que ha ocurrido con menos frecuencia, es el avistamiento de seres con los ojos completamente blancos, no como si estuviera ciego o con cataratas, sino que son completamente blancos. En 1988, en Indianápolis, una pareja acudió una noche de febrero a un cajero automático, pero ahí se encontraron con un ser de ojos negros. La pareja se alejó de ahí, pero el ser los siguió por varias cuadras. El hombre y la mujer decidieron entrar a un bar para refugiarse de ese ser. Mientras revisaban sus identificaciones, el ser estaba parado a la mitad de la calle, mirándolos fijamente. Como sucede en estos casos, la pareja sintió un terrible miedo y que algo malo iba a pasar. De repente, la mujer sintió una mano en el hombro y al instante se sintió más tranquila. Cuando volteó a ver quién era, vio a una persona de entre 20 y 30 años con los ojos completamente blancos. Esta persona o ser le dijo, "No te preocupes. Estás bien. Tenemos todo bajo control", luego volteó a ver al niño de ojos negros y se le quedo viendo.

Éste hizo unos gestos de frustración y luego se fue. El ser de ojos blancos, le dio una palmada en el hombro a la mujer y siguió con su camino como si nada.

. . .

Según los registros, los niños de ojos blancos son igual de extraños, a veces hacen cosas buenas, como en este caso, y en otras ocasiones hacen lo mismo que los de ojos negros. La peculiaridad es que los niños de ojos blancos son rubios y hacen cosas aún más extrañas como levitar o levantar objetos muy pesados.

Lo que sí es seguro, es que hay testigos desde hace más de cincuenta años de la presencia de estos extraños seres de ojos completamente negros que provocan sensaciones negativas. Las personas que los han visto siempre dicen sentir miedo. Igualmente, sólo son visibles y audibles para quienes eligen, puesto que hay casos en los que las personas no pueden ver con quién hablaba la otra persona.

Conclusión

Hay muchas historias sobre demonios en todas las culturas del mundo y en todas las épocas. Ya sea avistamientos, presencias, posesiones o pesadillas, los demonios han sacudido las vidas de las personas de formas terroríficas. Cualquier cosa o persona se puede volver un receptáculo para un demonio, ya sea una casa, un espejo, niños o soldados.

Cada día se saben de más casos de contacto con demonios porque tenemos más comunicación y porque la sociedad está cayendo en una espiral de horror. A pesar de los muchos casos, las personas todavía no llegan a comprender por completo de qué se trata.

· · ·

Algunos dicen que son alucinaciones, otros que es una enfermedad mental y hay quienes dicen que sólo lo hacen para llamar la atención.

La peor de las situaciones es cuando el demonio llega a poseer a la persona, algo que ha ocurrido desde el inicio de la era humana. La persona a por un demonio sufre de convulsiones, ataques, cambia de voz y de lenguaje, no puede controlar del todo lo que piensa, dice y hace, sin mencionar que puede hacer daño a otras personas y a sí misma. Por esa razón, las personas poseídas, así como los objetos y casas, necesitan ser exorcizadas para liberarlas de todo mal.

No podemos decir que el mundo sea un lugar seguro, hay cosas que no comprendemos y que están a la espera de hacernos daño. Incluso la guerra, ese hecho que de por sí es terrible y muchas personas mueren, puede verse influenciado por presencias demoniacas, como en el caso del Teniente Coronel Aquino.

Sin embargo, si algo se puede aprender de todo esto, es que lo mejor que se puede hacer es no permitir que estos seres malignos entren a nuestras vidas.

. . .

Las víctimas más comunes son quienes realizan rituales satánicos, vudú o juegan con la ouija. Lo mejor es mantenerse lejos de todo esto. En el caso de los seres de ojos negros, igualmente lo mejor es no dejar que entren a casa.

Lo mismo para las personas que juegan con lo oculto, lo mejor es mantenerlas alejadas.

El miedo que sentimos es un instinto en el que podemos confiar, nos indica que nuestra vida corre peligro. Todas las cosas que no comprendemos, no necesariamente son malas, pero sí hay cosas con las que es mejor no arriesgarse. Sin embargo, hay casos de presencias y ataques demoniacos que las personas no provocaron, llegaron por mala suerte o por la maldad de alguien. En cualquier caso, lo mejor es acudir con un sacerdote que sepa del tema.

Si algo es cierto es que los demonios existen y que están ahí para hacernos daño.

Referencias

ALADELTA55 (10 DE marzo de 1016). *Miguel Blanco vió y habló con un demonio. Lo cuenta él mismo.* [video]. YouTube https://www.youtube.com/watch?v=fNMKajOxBoY

Kola, Haroun (6 de mayo de 2015) Satan's Army The Roots Of Black Magic In Military With Douglas Dietrich. Blog. https://harounkola.com/blog/satans-army-the-roots-of-black-magic-in-military-with-douglas-dietrich/

Leyendas Legendarias. (29 de mayo de 2019). *E13: El Caso Josué (con Coki Szewc)* [Video]. YouTube https://www.youtube.com/watch?v=PBLd18sShus

Leyendas Legendarias. (8 de enero de 2020). *E45: Los Niños de los Ojos Negros (con Mario Capistrán).* [Video]. YouTube https://www.youtube.com/watch?v=TvQ78o-ssb8

Leyendas Legendarias. (7 de abril de 2021). *E110:Demonología* [Video]. YouTube https://www.youtube.com/watch?v=ZBo3TinnW8A

Lifetodaytv (8 de octubre de 2015). John Hagee: My First Demonic Encounter (James Robison / LIFE Today). [Video]. YouTube https://www.youtube.com/watch?v=mYX96xiMiMU

S.N. (30 de mayo de 2010). Entrevista a Miguel Blanco [Episodio de podcast]. En Radio Exterior, *Desde el infierno*. Recuperado de: https://www.rtve.es/alacarta/audios/desde-el-infierno/desde-infierno-entrevista-miguel-blanco-30-05-10/784849/

S.N. (3 de enero de 2015). Douglas Dietrich: el hombre que vio al demonio [Episodio de podcast]. En Radio Exterior, *Desde el infierno*. Recuperado de:

https://www.rtve.es/alacarta/audios/desde-el-infierno/desde-infierno-douglas-dietrich-hombre-vio-demonio-03-01-15/2941734/

S.N. (30 de octubre de 2020) *TV Azteca*. Así fue el 'Caso Josué', una de las anécdotas más aterradoras de 'La Mano Peluda'. (VIDEO). https://www.tvazteca.com/aztecauno/al-extremo/notas/notas/caso-josue-mano-peluda-video-historia-aterradora-juan-ramon-saenz

The Lip TV (29 de Agosto de 2013*). Satanism in the Army and Zombies in San Francisco with Douglas Dietrich.*

[Video]. News Video. https://newsvideo.su/video/3688383

Wagner, Stephen. (28 de diciembre de 2018). *Liveaboutdotcom*. The Day This Man's Father Met the Devil. https://www.liveabout.com/day-my-father-met-the-devil-2593823

CPSIA information can be obtained
at www.ICGtesting.com
Printed in the USA
BVHW091917240621
610370BV00002B/153

9 781646 945238